Eugenia Gradet
Balzac, Honoré de

--*-*-*-*-*-*-*-*-*-*-*-*-*

A María

Siendo ya el retrato de usted el mejor adorno de esta obra, yo deseo que su nombre sea aquí como la rama de boj que, tornada en árbol ignorado, pero santificada y bendita por la religión y renovada sin cesar por manos piadosas, sirve para proteger la casa.

De Balzac

En algunos pueblecitos de provincias se encuentran casas cuya vista inspira una melancolía igual a la que provocan los claustros más sombríos, las landas más desiertas o las ruinas más tristes. Y es que sin duda participan a la vez esas casas del silencio del claustro, de la aridez de las landas y de los despojos de las ruinas: la vida y el movimiento son en ellas tan reposados, que un extranjero las creería deshabitadas si no encontrase de pronto la mirada fría y sin expresión de una persona inmóvil, cuyo rostro medio monástico asoma por una ventana al oír el ruido de pasos desconocidos.

Este aspecto melancólico lo posee un edificio situado en Saumur, al extremo de la calle montuosa que conduce al castillo por la parte alta de la villa. Esta calle, que se ve ahora poco frecuentada, cálida en verano, fría en invierno y obscura en algunos parajes, es notable por la sonoridad de su empedrado, que está siempre limpio y seco; por la estrechez de su vía tortuosa y por la paz de sus casas, que pertenecen a la villa antigua y que dominan las murallas. Unas habitaciones tres veces seculares y sólidas aún a pesar de haber sido construidas con madera, y los diversos paisajes que ofrecen, contribuyen a dar originalidad a aquella parte de Saumur, que es tan interesante para anticuarios y artistas.

Es difícil pasar por delante de estas casas sin admirar sus enormes vigas, cuyos extremos forman extrañas figuras y que coronan de un bajo relieve negro el piso bajo de la mayor parte de ellas. Aquí, piezas de madera transversales están cubiertas con pizarra y dibujan líneas azules en las frágiles paredes de un edificio cubierto por un tejado formado de pontones que los años han encorvado, y de tablones podridos y alabeados por la acción alternativa del sol y de la lluvia; allá, se ven alféizares de ventana viejos y ennegrecidos, cuyas delicadas esculturas apenas se ven y que parecen muy estrechos a juzgar por el tiesto de arcilla negra de donde brotan las plantas de clavel o de rosal de alguna pobre obrera; y más lejos, puertas provistas de enormes clavos con los cuales trazaron nuestros antepasados los jeroglíficos domésticos cuyo sentido no se conocerá nunca. Tan pronto se ven allí los caracteres con que un protestante hizo constar su fe, como aquellos con que un partidario de la Liga manifestó su odio a Enrique IV, sin faltar tampoco los del burgués que grabó allí las insignias de su nobleza parroquial, la gloria de su olvidada reguduría. En estas huellas se ve la historia entera de Francia.

Al lado de la frágil casa construida con ripios y cascote donde el artesano deificó sus herramientas, se levanta el palacio de un noble sobre cuya puerta con dintel de piedra se ven aún algunos vestigios de su escudo y armas, destrozados por las diversas revoluciones que desde 1789 agitaron el país. En esta calle, los pisos bajos de los comerciantes no son ni tiendas ni almacenes, y los aficionados a antigüedades podrán ver en ellos el taller de nuestros abuelos en toda su primitiva sencillez.

Estas salas bajas, que no tienen delantera, ni rótulo, ni escaparate, son profundas y obscuras y carecen de adornos exteriores e interiores. Su puerta está dividida en dos partes toscamente herradas, de las cuales, la superior se abre interiormente, y la inferior, provista de una campanita con resorte, se abre y se cierra a placer. El aire y la luz penetran en aquella especie de antro húmedo ya por la parte superior de la puerta, o ya por el hueco que hay entre el techo y el paredón de un metro de altura, al que se adaptan unas sólidas ventanas que se quitan por la mañana y se colocan por la noche, sujetándolas con flejes de hierro provistos de sus correspondientes pernos. El paredón sirve al comerciante para colocar sus mercancías. Allí no se conoce el charlatanismo. Con arreglo a las costumbres del comercio, las muestras consisten en dos o tres cubetas llenas de sal y de bacalao, en algunos paquetes de tosca tela, en cuerdas, en latón colgado de las vigas del techo, en aros a lo largo de las paredes y en algunas piezas de paño en los estantes. Ahora, entrad. Una joven limpia, radiante de juventud, de brazos rojos y cubierta con blanca toquilla, deja de hacer calceta y llama a su padre o a su madre, que acude, y os vende flemática, complaciente o arrogantemente, según su carácter, lo mismo diez céntimos que veinte mil francos de mercancías. Allí podéis ver un comerciante de duelas sentado a su puerta y dando vueltas a los pulgares mientras habla con su vecino; y, a juzgar por las apariencias, diréis que no posee más que malas duelas y tres paquetes de latas; pero en el puerto, su taller, lleno, provee a todos los toneleros de Anjou, y, duela más, duela menos, este hombre puede deciros para cuántos toneles tendrá si la recolección es buena: un rayo de sol le enriquece, una tormenta le arruina, y en una sola mañana puede ponerse a once francos el tonel que sólo vale seis.

En este país, como en Turena, las vicisitudes de la atmósfera influyen en la vida comercial. Viñeros, propietarios, comerciantes en maderas, toneleros, posaderos, marineros, en una palabra, todos están allí al acecho de un rayo de sol, y tiemblan al acostarse ante la idea de que al despertar pueda encontrarse todo helado; temen la lluvia, el viento, la sequía, y quieren agua, calor y nubes a su gusto.

En aquel país hay un duelo constante entre el cielo y los intereses materiales, y el barómetro entristece y alegra sucesivamente la fisonomía de sus habitantes. Las palabras: «¡Vaya un tiempo hermoso!» corren de puerta en puerta de un extremo a otro de aquella calle que antaño se llamaba la calle Mayor, y todo el mundo dice a su vecino que llueven luises de oro, dando a entender con esto que saben lo que un rayo de sol o lo que una lluvia oportuna les vale. Los sábados por la tarde, durante el buen tiempo, os sería imposible adquirir cinco céntimos de mercancía en las tiendas de estos honrados industriales, pues todos tienen su viña o su quinta y se van a pasar dos días al campo.

En este pueblo, como lo tienen todo previsto, es decir, compra, venta y ganancias, los comerciantes pueden emplear de las doce horas del día, diez en alegres giras, en observaciones, comentarios y continuos espionajes. Allí, una mujer no compra una perdiz sin que los vecinos pregunten al marido al día siguiente si estaba bien aderezada. Una joven no asoma la cabeza a su ventana sin que sea vista por todos los grupos de ociosos. De modo que en aquel paraje las conciencias están a la luz del día, del mismo modo que carecen de misterios aquellas casas impenetrables, negras y silenciosas. La vida se hace casi al aire libre: cada familia se sienta a su puerta y almuerza, come y disputa allí. No pasa nadie por la calle que no sea estudiado.

Así es que antaño, cuando un extranjero llegaba a un pueblo de provincias, era objeto de burlas continuas de puerta en puerta, y de ahí provienen los buenos cuentos y el sobrenombre de burlones que se da a los habitantes de Angers, que se distinguen por su mucha gracia. Los palacios antiguos de la antigua villa están situados en la parte más elevada de aquella calle, habitada antaño por los hidalgos del país. La casa llena de melancolía donde se desarrollaron los acontecimientos de esta historia, era precisamente uno de estos edificios, resto venerable de un siglo en que las cosas y los hombres tenían ese carácter sencillo que las costumbres francesas van perdiendo a pasos agigantados.

Después de seguir las sinuosidades de este camino pintoresco, cuyos menores accidentes despiertan recuerdos y cuyo efecto general tiende a sumir a uno en maquinal meditación, se ve un sombrío hueco en cuyo centro se esconde la puerta de la casa del señor Grandet. Es imposible comprender todo el interés que despierta este nombre en Saumur sin hacer la biografía del señor Grandet.

El señor Grandet gozaba en Saumur de una reputación cuyas causas y efectos no pueden ser perfectamente comprendidos por aquellas personas que no han vivido poco o mucho en provincias. El señor Grandet, llamado por algunos el padre Grandet, y que pertenecía al número de los ancianos que disminuían ya insensiblemente, era, en 1789, un maestro tonelero que gozaba de una posición desahogada y que sabia leer, escribir y contar. Cuando la República francesa puso a la venta en el distrito de Saumur los bienes del clero, el tonelero, que contaba a la sazón cuarenta años, acababa de casarse con la hija de un rico comerciante en maderas.

Grandet, provisto de su fortuna líquida y de la dote de su mujer, unos dos mil luises en oro, se fue a la capital del distrito, y allí, mediante doscientos dobles luises que ofreció su suegro al feroz republicano que vigilaba la venta de los bienes nacionales, obtuvo legalmente, aunque no legítimamente, por un pedazo de pan, los viñedos más hermosos de la comarca, una antigua abadía y algunas granjas. Los habitantes de Saumur eran poco revolucionarios, y el padre Grandet pasó por hombre atrevido, por republicano, por patriota, por hombre dado a las nuevas ideas (siendo así que a lo que era, en realidad, dado, era a las buenas viñas), y fue nombrado miembro de la administración del distrito de Saumur, donde dejó sentir política y comercialmente su pacifica influencia.

Políticamente, protegió a los nobles e impidió con todo su poder la venta de bienes de los emigrados; comercialmente, proveyó a los ejércitos republicanos de un millar o dos de toneles de vino blanco que cobró entrando en posesión de unas soberbias praderas que dependían de un convento de monjas, y que entraban a formar parte del último lote. Cuando el Consulado, el honrado Grandet fue alcalde, administró honradamente y vendimió mejor; cuando el Imperio le llamaron señor Grandet. Napoleón no quería a los republicanos y reemplazó al señor Grandet, reputado de haber llevado el gorro frigio, por un gran propietario, un hombre cuyo apellido iba precedido de partícula, un futuro barón del Imperio. El señor Grandet dejó los honores municipales sin ninguna pena, porque ya había hecho hacer en interés de la villa excelentes caminos que conducían a sus propiedades.

Su casa y sus bienes, ventajosamente empadronados, pagaban moderados impuestos. Después de clasificadas sus diferentes propiedades, sus viñas, gracias a sus constantes cuidados, habían pasado a ser la cabeza del país, palabra técnica que se empleaba allí para indicar los viñedos que producen los vinos de mejor calidad. Con este motivo hubiera podido pedir la cruz de la Legión de honor. Este acontecimiento tuvo lugar en 1806, época en que el señor Grandet frisaba en los cincuenta y siete años, su mujer en los treinta y seis y su hija única, fruto de sus legítimos amores, en los diez. El señor Grandet, al que la Providencia quiso sin duda consolar de su desgracia administrativa, heredó sucesivamente durante este año a la señora de la Gaudiniere, madre de su mujer, al anciano de la Bertelliere, padre de la difunta, y a la señora Gentillet, abuela materna suya: tres herencias cuya importancia no conoció nadie, pues la avaricia de estos tres ancianos era tan grande, que hacía ya mucho tiempo que amontonaban su dinero para poder contemplarlo secretamente.

El anciano señor de la Bertelliere decía que colocar dinero era una prodigalidad, juzgando que era mayor el interés que se percibía contemplando el dinero que beneficiándose con la usura. El pueblo de Saumur dedujo el valor de las economías por las rentas de los bienes inmuebles. El señor Grandet obtuvo entonces el primer título de nobleza que nuestra manía de igualdad no podrá borrar nunca, pasando a ser el primer contribuyente del distrito. Grandet explotaba cien fanegas de viñedo, las cuales, en los años de abundancia, le daban de catorce a diez y seis hectolitros de vino; poseía trece alquerías y una abadía cuyas ventanas y puertas había tapado por economía y para que se conservase; y ciento veintisiete fanegas de praderas donde crecían tres mil álamos plantados en 1793. Finalmente, la casa en que vivía era también suya, y de este modo se calculaba su fortuna visible. Respecto a su capital, dos personas únicamente podían calcular vagamente su importancia, la una era un tal señor Cruchot, notario encargado de colocar el dinero al señor Grandet, y la otra el señor de Grassins, que era el banquero más rico de Saumur, y en cuyos negocios tomaba parte el viñero cuando a aquél le convenía. Aunque el anciano Cruchot y el señor de Grassins poseyesen esa profunda discreción que la confianza y la fortuna engendran en provincias, demostraban públicamente tal respeto al señor Grandet, que los observadores podían calcular la magnitud del capital del antiguo alcalde por la obsequiosa consideración de que era objeto.

No había nadie en Saumur que no estuviese persuadido de que el señor Grandet tenía un tesoro particular o algún escondite lleno de luises y de que se daba todas las noches el inmenso goce que procura la vista de una gran masa de oro.

Los avaros tenían una especie de certidumbre de esto al ver los ojos de Grandet, a los que el oro parecía haber comunicado sus tonos amarillos. La mirada de un hombre acostumbrado a sacar enormes intereses de su capital contrae necesariamente, como la del lujurioso, la del jugador o el artesano, ciertos matices indefinibles y ciertos movimientos furtivos, ávidos y misteriosos que no pasan nunca desapercibidos para sus correligionarios. Este secreto lenguaje forma, en cierto modo, la francmasonería de las pasiones. El señor Grandet inspiraba, pues, la respetuosa estimación a que tenia derecho un hombre que no debía nada a nadie, que, como viejo tonelero y viejo viñero, adivinaba con la precisión de un astrónomo el año en que era preciso fabricar mil toneles para su recolección o solamente cinco, que no desperdiciaba ningún negocio, que tenía siempre vino para vender cuando éste subía de precio y que podía conservar su cosecha en sus bodegas y esperar el momento de vender el tonel a doscientos francos, cuando los pequeños propietarios daban el suyo a cinco luises.

Su famosa cosecha de 1811, sabiamente almacenada y lentamente vendida, le había valido más de doscientos cuarenta mil francos.

Financieramente hablando, el señor Grandet tenía algo de tigre y de boa: sabía agazaparse, contemplar largo tiempo su presa, saltar encima de ella, abrir la boca de su bolsa, tragarse un montón de escudos y acostarse luego tranquilamente, como la serpiente impasible, fría y metódica que digiere. Nadie le veía pasar sin experimentar un sentimiento de admiración mezclado de respeto y terror.

¿No había sentido todo el mundo, poco o mucho, en Saumur, el cortés arañazo de sus garras de acero? A éste, el señor Cruchot le había proporcionado el dinero necesario para comprar una propiedad, pero le había cobrado el once por ciento; a aquél, el señor de Grassins le había descontado un giro, pero cobrándole una prima enorme. Pocos días transcurrían sin que el nombre del señor Grandet dejase de pronunciarse, ya en el mercado o ya por. la noche en las veladas. Para algunos, la fortuna del anciano viñero era objeto de orgullo patriótico; así es que más de un negociante y más de un posadero llegó a decir a los forasteros con cierto orgullo:

-Señor, aquí tenemos dos o tres casas millonarias; pero, respecto al señor Grandet, ¡¡ni él mismo sabe lo que tiene!!

En 1816, los calculadores más hábiles de Saumur estimaban los bienes territoriales de Grandet en cuatro millones; pero como que desde 1793 a 1817 había sacado, término medio, cien mil francos anuales de sus propiedades, era de suponer. que poseyese en dinero una suma casi igual a la que tenia en tierras. Así es que cuando, después de una partida de boston o de una gira a las viñas, se hablaba del gran propietario, las gentes instruidas decían:

-¿El padre Grandet? ¡el padre Grandet debe tener cinco o seis millones!

-Es usted más listo que yo, que no he podido nunca saber el total, respondía el señor Cruchot o el señor de Grassins, si oían este dicho.

Cuando algún parisiense hablaba de los Rothschild o del señor Laffitte, la gente de Saumur le preguntaban si eran tan ricos como el señor Grandet, y si el parisiense les respondía haciéndoles una desdeñosa afirmación, aquellos se miraban moviendo la cabeza con aire de incredulidad. Tan gran fortuna cubría con un manto de oro todos los actos de aquel hombre. Si algunas particularidades de su vida dieron al principio pie para el ridículo y la burla, ésta y aquél se habían gastado, y en sus menores actos, el señor Grandet gozaba de gran autoridad.

Su palabra, su ropa, sus gestos y el guiño de sus ojos hacían ley en el país, donde todo el mundo había podido reconocer en el millonario, después de haberle estudiado como un naturalista estudia los efectos del instinto en los animales, una profunda y muda sabiduría en sus más ligeros movimientos. «Cuando el padre Grandet se ha puesto guantes forrados, es que el invierno será rudo, se decía: es preciso vendimiar. Cuando el padre Grandet compra tantas duelas, es que habrá gran cosecha de vino este año». El señor Grandet no compraba nunca pan ni carne. Sus inquilinos llevaban todas las semanas una provisión suficiente de capones, pollos, huevos, manteca y trigo.

Poseía un molino cuyo arrendatario estaba obligado a molerle una cantidad de grano y llevarle la harina a casa. La gran Nanón, su única criada, aunque no fuese ya joven, amasaba y cocía todos los sábados el pan necesario para la casa. El señor Grandet se había arreglado con los hortelanos que eran inquilinos suyos para que le proveyesen de legumbres.

Respecto a la fruta, el propietario recogía una cantidad tan grande de ella, que la mayor parte la llevaba a vender al mercado. La leña para el fuego la cogía de los setos y de los árboles secos, y sus cortijeros la llevaban a su casa de balde en carros; se la colocaban por complacencia en la leñera, y recibían, en cambio, las gracias. Sus únicos gastos consistían en el vestir de su mujer, de su hija y el suyo, en el pago de las sillas en la iglesia, en la luz, en la soldada de la gran Nanón, en la recompostura de las cacerolas, en el pago de los impuestos, en la reparación de los edificios y en los gastos de las explotaciones. El millonario tenía seiscientas fanegas de bosque compradas recientemente y que él hacía vigilar al guarda de un vecino, prometiéndole una indemnización.

No comió nunca caza hasta después de haber hecho esta adquisición. Las maneras de este hombre eran muy sencillas: hablaba poco y, generalmente, expresaba sus ideas con frases cortas y sentenciosas dichas en voz muy baja.

Desde la Revolución, época en que se atrajo las miradas de todo el mundo, Grandet tartamudeaba de una manera fatigante tan pronto como tenía que hablar mucho tiempo o sostener una discusión. Este tartamudeo, la incoherencia de sus palabras, el flujo de términos con que ahogaba su pensamiento y su falta aparente de lógica, atribuídos a un defecto de educación, eran afectados, y algunos acontecimientos de esta historia bastarán para explicarlos suficientemente.

Por otra parte, cuatro frases, exactas como fórmulas algebraicas, le servían generalmente para abrazar y resolver todas las dificultades del comercio: «No sé; no puedo; no quiero; ya veremos». No decía nunca sí o no, ni escribía a nadie. Si le hablaban, escuchaba fríamente apoyando la barba en la mano derecha y el codo en la palma de la izquierda, y, una vez que formaba una opinión, nadie le sacaba de ella. Meditaba concienzudamente los tratos más insignificantes. Cuando, después de una larga conversación, su adversario le descubría el secreto de sus pretensiones creyendo haberle cogido, él le respondía:

-No puedo decidir nada sin haberlo consultado con mi mujer.

Ésta, a quien él había reducido a un completo aislamiento, era en sus negocios su escudo más cómodo. Grandet no iba a comer nunca a casa de nadie ni invitaba a nadie a comer en la suya. No hacía nunca ruido, parecía economizarlo todo, hasta el movimiento, y no molestaba nunca a los demás, llevado de su constante respeto a la propiedad.

Sin embargo, a pesar de la dulzura de su voz y de su actitud circunspecta, el lenguaje y costumbres del tonelero se notaban sobre todo en su casa, donde se comprimía menos que en ninguna otra parte. En lo físico, Grandet era hombre de cinco pies, rechoncho, cuadrado, con unas pantorrillas de doce pulgadas de circunferencia, grandes rótulas y anchas espaldas; su cara era redonda, curtida y marcada por la viruela; su barba era recta, sus labios no ofrecían ninguna sinuosidad y sus dientes eran blancos; sus ojos tenían la expresión tranquila y devoradora que el pueblo atribuye al basilisco; su frente, llena de arrugas transversales, no carecía de significativas protuberancias; y sus cabellos, rubios y blancos, eran de color plata y oro, al decir de algunas gentes que no conocían la gravedad que podía tener el hecho de gastar una broma al señor Grandet.

Su nariz, gorda por la punta, sostenía un lobanillo veteado que, según decía el vulgo, y no sin razón, estaba lleno de malicia. Esta cara anunciaba esa astucia peligrosa, esa fría probidad y ese egoísmo del hombre acostumbrado a concentrar sus sentimientos en el único ser que le fue siempre querido, en su hija Eugenia, en su única heredera. Por otra parte, la actitud, los modales, el paso, todo en él confirmaba esa creencia en sí que da la costumbre de ver que se sale siempre airoso en sus empresas; así, pues, aunque el señor Grandet era, en apariencia, hombre de costumbres sencillas y afeminadas, tenía un carácter de hierro.

Vestido siempre del mismo modo, el que le vela hoy, le veía tal cual era en 1791. Llevaba en todo tiempo gruesos borceguíes atados con cordones de cuero, medias de lana, un pantalón corto de grueso paño color marrón con hebillas de plata, un chaleco de terciopelo a rayas amarillas y pardas alternativamente, una ancha levita, una corbata negra y un sombrero de cuáquero. Sus guantes, tan gruesos como los de los gendarmes, le duraban año y medio, y, para conservarlos limpios, los colocaba siempre con gesto metódico sobre el ala de su sombrero. Esto era lo único que los de Saumur sabían acerca de este personaje.

Seis habitantes únicamente tenían derecho a entrar en su casa. El más considerado de los tres primeros, era el sobrino del señor Cruchot. Desde que había sido nombrado presidente de la audiencia de Saumur, este joven había unido a su nombre de Cruchot el de Bonfons y trabajaba para que prevaleciese el segundo sobre el primero, y al efecto se firmaba ya C. de Bonfons.

El pleitista poco avispado que se atrevía a llamarle señor Cruchot, no tardaba en apercibirse en la audiencia de su torpeza. El magistrado protegía a los que le llamaban señor presidente; pero favorecía con sus más graciosas sonrisas a los que le llamaban señor de Bonfons. El señor presidente tenía treinta y tres años, poseía la propiedad de Bonfons (Boni Fontis), que daba siete mil francos de renta, y esperaba la herencia de su tío el notario y la de su otro tío el abate Cruchot, dignatario del cabildo de San Martín de Tours; personas ambas reputadas de ser bastante ricas.

Estos tres Cruchot, sostenidos por buen número de primos emparentados con veinte casas de la villa, formaban un partido, como en otro tiempo en Florencia los Médicis, y, como éstos, los Cruchot tenían sus Pazzi. La señora de Grassins, madre de un joven de veintitrés años, era asidua concurrente a casa de Grandet y esperaba casar a su querido Adolfo con la señorita Eugenia.

El banquero señor de Grassins favorecía vigorosamente las maniobras de su mujer, y hacía secretamente constantes favores al anciano avaro. Estos tres Grassins tenían asimismo sus adherentes, sus primos y sus fieles aliados. Por parte de los Cruchot, el cura, que era el Talleyrand de la familia, ayudado de su hermano el notario, disputaba vivamente el terreno a la banquera, e intentaba conquistar a la rica heredera para su sobrino el presidente. Este combate secreto entre los Cruchot y los Grassins, cuyo premio era la mano de Eugenia Grandet, interesaba extraordinariamente a las diversas familias de Saumur. ¿Con quién se casará la señorita Grandet? ¿Con el señor presidente o con Adolfo de Grassins? A esta pregunta, unos respondían que el señor Grandet no daría su hija ni al uno ni al otro.

El antiguo tonelero, dominado por la ambición, quería casar a su hija, según se decía, con algún par de Francia que, mediante sus trescientos mil francos de renta, aceptase todos los toneles pasados, presentes y futuros de los Grandet. Otros replicaban que los señores de Grassins eran nobles y poderosamente ricos; que Adolfo era un hermoso hidalgo y que, a menos de no aspirar a un sobrino del papa, semejante alianza tenía que satisfacer a gentes tan insignificantes, a un hombre a quien todo Saumur había visto con la doladera en la mano y que, por otra parte, había llevado el gorro frigio.

Los más sensatos advertían que el señor Cruchot de Bonfons tenía entrada en la casa a todas horas, mientras que su rival sólo era recibido los domingos. Unos sostenían que la señora de Grassins tenia más intimidad con las mujeres de la casa Grandet que los Cruchot, y que podía inculcarles ciertas ideas que, tarde o temprano, contribuirían a que saliese airosa en su empresa. Otros replicaban que el abate Cruchot era el hombre más insinuante del mundo y que, tratándose de una mujer contra un cura, la partida estaba igualada.

-¡Se trata de una lucha entre faldas! decía un gracioso de Saumur.

Los ancianos del país, más instruídos, aseguraban que los Grandet eran demasiado avispados para dejar que saliesen los bienes de la familia, y que la señorita Eugenia Grandet, de Saumur, se casaría con el hijo del señor Grandet, de Paris, rico almacenista de vinos. A esto, los cruchotistas y los grassinistas respondían:

-En primer lugar, los dos hermanos no se han visto tres veces en treinta años, y además, el señor Grandet de París tiene grandes pretensiones para su hijo, pues es alcalde de un distrito, diputado, coronel de la guardia nacional y juez del tribunal del comercio, reniega de los Grandet de Saumur, y pretende emparentar con una familia ducal, mediante el apoyo de Napoleón.

¿Qué no se diría de una heredera de la cual se hablaba en veinte leguas a la redonda y hasta en los coches públicos, incluso el de Angers a Blois? A principios del año 1811, los cruchotistas obtuvieron una señalada ventaja sobre los grassinistas. La tierra de Froidfond, notable por su parque, su admirable palacio, alquerías, ríos, estanques y bosques, y cuyo valor ascendía a tres millones, fue puesta en venta por el joven marqués de Froidfond, que se vio obligado a realizar sus bienes.

Maese Cruchot, el presidente Cruchot y el abate Cruchot, ayudados por sus partidarios, supieron impedir que la venta se hiciese en lotes. El notario acordó con el joven marqués venderlo a una sola persona, persuadiéndole de que habría infinidad de reclamaciones contra los adjudicatarios antes de percibir el importe de los lotes, y de que era preferible venderlo todo al señor Grandet, hombre solvente y capaz, por otra parte, de pagar la tierra al contado.

El hermoso marquesado de Froidfond fue de este modo encaminado hacia el esófago del señor Grandet, el cual, con gran asombro de Saumur, lo pagó al contado después de cubiertas todas las formalidades. Esta compra tuvo gran resonancia de Nantes a Orleáns.

El señor Grandet, aprovechándose de un coche que tenía que pasar por allí, se fue a ver su palacio, y después de haber dirigido a su propiedad una detenida mirada, volvióse a Saumur seguro de haber colocado su dinero al cinco y dominado por el magnífico pensamiento de aumentar el marquesado de Froidfond, uniendo a él todos sus bienes. Después, para llenar de nuevo su tesoro casi vacío, decidió cortar sus bosques y sus selvas y explotar los álamos de sus praderas.

Fácil es ahora comprender todo lo que significa la casa del señor Grandet, aquella casa sombría, fría y silenciosa, situada en lo más elevado de la villa y abrigada por las ruinas de las murallas.

Los dos pilares y la bóveda que formaban el vano de la puerta habían sido construidos, al igual que la casa, de toba, piedra propia del litoral del Loire, y tan blanda que su duración media se calcula en unos doscientos años.

Los numerosos y desiguales agujeros que el tiempo había practicado en ella, daban a la bóveda y a los jambajes de la puerta la apariencia de las piedras vermiculadas de la arquitectura francesa y cierta semejanza con el pórtico de una cárcel. Sobre la puerta se veía un bajo relieve de piedra dura que representaba las cuatro estaciones mediante figuras negras y gastadas. Este bajo relieve estaba coronado de un saliente plinto, sobre el cual se elevaban algunas de esas plantas debidas a la casualidad, como parietarias amarillas, clemátides, llantén y un cerecito bastante crecido ya. La puerta de encina ennegrecida, maciza, seca, llena de hendiduras y frágil en apariencia, estaba sólidamente sostenida por pernos que formaban simétricos dibujos.

Una rejilla cuadrada y con barrotes muy juntos y oxidados, ocupaba el centro del postigo de la casa y servía, por decirlo así, de motivo para un aldabón que se unía a ella mediante una anilla y que caía sobre la magullada cabeza de un enorme clavo. Este aldabón, de forma oblonga parecía un gran punto de admiración, y, examinándolo con atención, un anticuario hubiera percibido en él la figura esencialmente chistosa de los picaportes antiguos, si bien borrada ya po el uso.

Por esta rejilla, destinada para reconocer a los amigos en los tiempos de guerras civiles, podían ver los curiosos en el fondo de un bóveda obscura y verdosa algunos escalones gastados, por los que se subía a un jardín limitado pintorescamente por muros espesos, húmedos, llenos de vegetaciones y de espesuras de pequeños arbustos. Estos muros eran los de la muralla sobre la que se elevaban las huertas de algunas casas vecinas.

En el piso bajo de la casa, la pieza más considerable era una sala cuya entrada se veía en el fondo de la bóveda de la puerta cochera. Pocas personas conocen la importancia de una sala en los pueblecitos de Anjou, de Turena y de Berry. La sala sirve allí a la vez de antesala, de salón, de despacho, de recibidor, de comedor, y es el teatro de la vida doméstica, e hogar común: allí iba el peluquero dos veces al año a cortarle los cabellos al señor Grandet; allí entraban los inquilinos, el cura, el subprefecto y el molinero. Esta pieza, cuyas ventanas daban a la calle, estaba entarimada, y grandes tablones grises, con molduras antiguas, la cubrían de arriba abajo: su techo se componía de vigas aparentes pintadas también de gris, y cuyos huecos estaban cubiertos con yeso blanco, que el tiempo había vuelto amarillo. Un reloj antiguo de cobre, incrustado de arabescos del mismo metal, adornaba el anaquel de la chimenea de piedra blanca mal esculpida, sobre la cual había un espejo de cuerpo entero, cuyos extremos, cortados a bisel para dejar ver su espesor, reflejaban una línea de luz a lo largo de un trumó gótico de acero adamascado. Los dos floreros de cobre sobredorado que decoraban los dos rincones de la chimenea, tenían dos fines.

Quitando los vasos que soportaban las arandelas, este pedestal formaba un candelero para todos los días; las sillas, de forma antigua, estaban tapizadas con tela, sobre la que se veían pintados asuntos de las fábulas de La Fontaine; pero tan pasados estaban los colores y tan estropeadas las figuras, que era preciso saberlo para reconocerlas.

En los cuatro ángulos de esta sala se veían sendas rinconeras, especie de armarios provistos de grasientos anaqueles. Una mesa antigua de marquetería, para. jugar, cuya parte superior tenía dibujado un tablero de ajedrez, estaba colocada en el testero que separaba las dos ventanas. Encima de esta mesa había un barómetro oval con marco de madera negra, provisto de adornos dorados, donde las moscas habían retozado tan silenciosamente, que el dorado era ya un problema. En la pared opuesta a la chimenea estaban colgados dos retratos al pastel que querían representar al abuelo de la señora Grandet, señor de la Bertelliere, vestido de teniente de la guardia francesa, y a la difunta señora Gentillet, vestida de pastora.

De las dos ventanas pendían sendas cortinas de tela roja de Tours, sostenidas por cordones de seda que terminaban en gruesas bellotas. Este lujoso decorado, que tanto contrastaba con las costumbres de Grandet, había sido comprendido en la compra de la casa, así como el trumó, el reloj, la mesa de marquetería y las rinconeras. En la ventana más próxima a la puerta se veía una silla de paja colocada sobre una plataforma a fin de elevar a la señora Grandet a una altura que le permitiese ver los transeúntes.

Una mesita de cerezo llenaba el alféizar, y el pequeño sofá de Eugenia Grandet estaba colocado a su lado. Hacía quince años que madre e hija ocupaban aquel sitio entregadas a un constante trabajo desde abril a noviembre. Las dos mujeres podían trasladarse a la chimenea el I.º de noviembre, día en que Grandet consentía que se hiciese fuego en la sala, haciéndolo apagar el 31 de marzo, sin tener en cuenta los primeros fríos de la primavera ni los del otoño. Un calentador, que la gran Nanón encendía con brasas de la cocina, ayudaba a la señora y a la señorita Grandet a pasar las mañanas o las tardes más frescas del mes de abril y de octubre.

La madre y la hija cosían y remendaban toda la ropa de la casa, y empleaban tan concienzudamente sus días en esta labor de verdaderas obreras, que si Eugenia quería bordar una gorguera a su madre, se veía obligada a perder horas de sueño engañando a su padre para tener luz. Hacía mucho tiempo que el avaro distribuía la luz a su hija y a la gran Nanón, así como el pan y los artículos necesarios para el consumo diario.

La gran Nanón era, sin duda, la única criatura humana capaz de soportar el despotismo de su amo. Toda la villa se la envidiaba a los señores Grandet. La gran Nanón, llamada así a causa de su elevada estatura de cinco pies y seis pulgadas, estaba al servicio de Grandet hacía treinta y cinco años. Aunque no ganaba más que sesenta francos al año, pasaba por una de las criadas más ricas de Saumur. Estos sesenta francos, acumulados durante treinta y cinco años, le habían permitido colocar recientemente cuatro mil francos en casa del notario Cruchot, y este resultado de las largas y persistentes economías de la gran Nanón pareció gigantesco.

Todas las criadas, al ver que la pobre sexagenaria tenía asegurado el pan para la vejez, la envidiaban, sin pensar en la dura esclavitud que había tenido que sufrir para alcanzar aquella suma. Tan repulsiva parecía su cara, que la pobre muchacha aun no había podido colocarse en ninguna casa a la edad de veintidós años; y ciertamente que este sentimiento era bien injusto: su cara hubiera sido admirada sobre los hombros de un granadero de la guardia imperial; pero, al parecer, la conveniencia es necesaria en todo. Obligada a dejar una quinta incendiada cuyas vacas guardaba, Nanón llegó a Saumur y se puso a buscar casa, provista de ese valor que no recula ante nada.

El padre Grandet, que pensaba casarse entonces y que quería ya montar su casa, pensó en esta joven, rechazada de puerta en puerta. Apreciando en su valor la fuerza corporal, en su calidad de tonelero, Grandet comprendió el partido que podía sacarse de una criatura hembra de hercúlea contextura, plantada sobre sus pies como una encina de sesenta años sobre sus raíces, de grandes caderas, de espaldas cuadradas, de manos de carretero y dotada de una probidad tan rigurosa, como rigurosa era su intacta virtud. Ni las arrugas que adornaban este rostro marcial, ni la tez de color de ladrillo, ni los brazos nervudos, ni los andrajos de la Nanón asustaron al tonelero, el cual se encontraba en esa edad en que el corazón palpita. Vistió, pues, calzó y mantuvo a la pobre joven y le dio soldada sin maltratarla demasiado.

Al verse acogida de este modo, la gran Nanón lloró secretamente de alegría y se adhirió sinceramente al tonelero, el cual, por otra parte, la explotó feudalmente. Nanón lo hacía todo: cocinaba, iba a lavar la ropa al Loira, se la cargaba sobre la cabeza, hacía la colada, se levantaba al rayar el alba, se acostaba tarde, hacía la comida para todos los vendimiadores durante la época de la recolección, defendía como un perro fiel los intereses de su amo y, finalmente, llena de ciega confianza en él, obedecía sin murmurar sus más ridículos caprichos.

El famoso año de 1811, cuya cosecha costó trabajos inauditos, Grandet resolvió dar a Nanón su reloj, único regalo que recibió de él en su vida; pues aunque le daba sus zapatos viejos, éstos no pueden considerarse como regalo, ya que estaban estropeadísimos, y es imposible comprender el provecho trimestral que de ellos sacaba Grandet. La necesidad hizo a esta pobre joven tan avara, que Grandet acabó por amarla como se ama a un perro, y Nanón se había dejado poner al cuello un collar provisto de puntas, cuyos pinchazos no sentía.

Si Grandet cortaba el pan con alguna escasez, la pobre no se quejaba y participaba alegremente de los provechos higiénicos que procuraba el régimen severo de la casa, donde nadie estaba nunca enfermo. Por otra parte, Nanón formaba parte de la familia: se reía cuando se reía Grandet, y se entristecía, se helaba, se calentaba y trabajaba, cuando él. ¡Cuán gratas compensaciones encerraba esta igualdad! El amo no había negado nunca a la criada ni el albérchigo o el melotón de los viñedos, ni las ciruelas caídas.

-¡Vamos, regálate, Nanón! le decía los años en que las ramas se rompían bajo el peso de los frutos que los cortijeros se veían obligados a dar a los cerdos.

Para una campesina que en su juventud no había recibido más que malos tratos, para una pobre recogida por caridad, la risa sospechosa del padre Grandet era un verdadero rayo de sol. Por otra parte, el corazón sencillo y la escasa inteligencia de Nanón no podían contener más que un sentimiento y una idea. Hacía treinta y cinco años que se veía siempre llegando ante el taller del padre Grandet y que oía al tonelero que le decía:

-Que quiere usted, hija mía, su reconocimiento estaba siempre fresco.

A veces, Grandet, al pensar que aquella pobre criatura no había oído nunca la menor palabra halagüeña, que no conocía los gratos sentimientos que inspira la mujer y que podía comparecer ante Dios tan casta como la Virgen María, se compadecía de ella, y decía sonriendole:

-¡Pobre Nanón!

Esta exclamación iba siempre seguida de una indefinible mirada por parte de su criada. Estas palabras, dichas de tiempo en tiempo, formaban una no interrumpida cadena de amistad. Aquella piedad nacida en el corazón de Grandet tenía un no sé qué de horrible; pero aquella atroz piedad de avaro, que despertaba mil placeres en el corazón del viejo tonelero, constituía para Nanón toda su dicha. Quién no dirá también: ¡Pobre Nanón! ¡Dios reconocerá a sus ángeles por las inflexiones de sus voces y por sus misteriosas penas! Había en Saumur un gran número de casas donde las criadas eran mejor tratadas, pero donde los amos no recibían en cambio agradecimiento alguno.

De ahí este otro dicho: «¿Qué le harán los Grandet a la gran Nanón para que les sea tan adicta? Esa muchacha sería capaz de arrojarse al fuego por ellos». La cocina, cuyas enrejadas ventanas daban al patio, estaba siempre limpia y fría, era una verdadera cocina de avaro donde nada debía perderse. Cuando Nanón había fregado y apagado el fuego, dejaba la cocina, que estaba separada de la sala por un pasillo, y se iba a hilar cáñamo al lado de sus amos.

Una vela de sebo bastaba a la familia para toda la noche. La criada se acostaba en el fondo de aquel pasillo en un chiribitil que recibía la luz por una claraboya. Su robusta naturaleza le permitía habitar impunemente aquella especie de agujero, desde donde podía oír el menor ruido en medio del profundo silencio que reinaba noche y día en la casa. Cual un perro guardián, Nanón tenía que dormir con un oído alerta y descansar vigilando.

La descripción de las demás partes del edificio irá unida a los acontecimientos de esta historia, aparte de que el croquis de la sala, donde brillaba todo el lujo de la casa, puede hacer ya sospechar de antemano la desnudez de los pisos superiores.

En 1819, al obscurecer de un día del mes de noviembre, la gran Nanón encendió el fuego de la chimenea por primera vez. El otoño había sido hermosísimo. Aquel día era un día muy conocido para los cruchotistas y grassinistas. Así es que los seis antagonistas se preparaban para ir a encontrarse provistos de todas sus armas a aquella sala y a competir allí en pruebas de amistad.

Por la mañana, todo Saumur había visto ir a la iglesia para oír misa a la señora y a la señorita Grandet, acompañadas de Nanón, y todo el mundo se acordó de que era el día del aniversario del nacimiento de la señorita Eugenia. Así, pues, calculando la hora en que acabaría la comida, maese Cruchot, el abate Cruchot y el señor C. de Bonfons se apresuraron a llegar antes que los Grassins para felicitar a la señorita Grandet. Los tres llevaban enormes ramos cogidos en sus pequeños invernaderos.

El ramo de flores que el presidente quería regalar estaba ingeniosamente envuelto con una cinta de satín blanco con franjas de oro. Por la mañana, el señor Grandet, siguiendo su costumbre de los memorables días del nacimiento y del santo de Eugenia, había ido a sorprenderla en la cama y le había ofrecido su regalo paterno, consistente, hacía trece años, en una curiosa moneda de oro. La señora Grandet regalaba ordinariamente a su hija un vestido de invierno o de verano, según las circunstancias. Estos dos vestidos y la moneda de oro que recogía el día primero de año y el del santo de su padre, le componían una rentita de unos cien escudos que Grandet se complacía en verle amontonar.

¿No era esto trasladar el dinero de una caja a otra, y criar con mimo, por decirlo así, la avaricia de su heredera, a la que pedía a veces cuenta de su tesoro, aumentado antes con los donativos de los Bertelliere, diciéndole: «Esos servirán para la docena de tu matrimonio»? La docena es una costumbre antigua que rige aún, habiendo sido santamente conservada en algunos países situados en el centro de Francia. Cuando una joven se casa, su familia o la de su esposo debe darle una bolsa conteniendo, según las fortunas, doce monedas, o doce docenas de monedas, o doce cientos de monedas de plata o de oro. La pastora más pobre no se casaría sin su docena, aunque sólo se compusiese de monedas de diez céntimos. En Issoudun se habla aún de no sé qué docena ofrecida a una rica heredera, y que contenía ciento cuarenta y cuatro portuguesas de oro.

El papa Clemente VII, tío de Catalina de Médicis, al casarla con Enrique II, le regaló una docena de medallas antiguas de oro que tenían un gran valor.

Durante la comida, el padre de Eugenia, satisfecho al ver a su hija tan hermosa con su traje nuevo, había exclamado:

-Ya que es el santo de Eugenia, encendamos el fuego, que es cosa de buen augurio.

-Seguramente que la señorita se casará este año, dijo la gran Nanón al mismo tiempo que se llevaba los restos de un ganso, que es el faisán de los toneleros.

-No veo partido para, ella en Saumur, respondió la señora Grandet mirando a su marido con un aire tan tímido, que demostraba la completa esclavitud conyugal a que estaba sometida la pobre mujer.

-Hoy cumple la niña veintitrés años, y pronto será preciso ocuparse de ella, exclamó alegremente Grandet mirando a su hija.

Eugenia y su madre cruzaron furtivamente una mirada de inteligencia...

La señora Grandet era una mujer seca y delgada, amarilla como un membrillo, desmañada, torpe, una de esas mujeres, en fin, que parecen nacidas para ser tiranizadas; tenía los huesos grandes, nariz grande, ojos grandes, frente grande, y, al primer golpe de vista, ofrecía una vaga semejanza con esos frutos pasados que no tienen ya sabor ni jugo. Sus dientes eran negros y ralos, su boca estaba arrugada y su barba tenía la forma de esa barba que suele llamarse de vieja. Era una excelente mujer, una verdadera Bertelliere.

El abate Cruchot sabía buscar ocasiones para decirle que no había sido fea, y ella lo creía. Su carácter angelical, su resignación de insecto atormentado por chiquillos, su rara piedad, su inalterable mansedumbre y su buen corazón, contribuían a que fuese universalmente compadecida y respetada. Su marido no le daba nunca más de seis francos de una vez para sus pequeños gastos.

Aunque ridícula en apariencia, esta mujer, que, con su dote y sus herencias, había aportado al padre Grandet más de trescientos mil francos, se había sentido siempre tan profundamente humillada ante una dependencia y un aislamiento contra los que la bondad de su alma le prohibía rebelarse, que no le había pedido nunca un céntimo ni hecho ninguna observación al firmar las actas que le presentaba el notario Cruchot. Esta secreta y estúpida altivez, esta nobleza de alma desconocida y herida constantemente por Grandet, eran los rasgos característicos de la conducta de esta mujer.

La señora Grandet llevaba constantemente una bata de levantina verde que había logrado que le durase dos años, un chal de algodón blanco, un sombrero de paja y un delantal de tafetán negro que usaba únicamente por casa. Como salía muy poco, gastaba pocos zapatos. Por otra parte, no quería nunca nada para ella; de modo que Grandet, acosado a veces por los remordimientos al acordarse del mucho tiempo que hacia que no le había dado seis francos a su mujer, estipulaba siempre alguna cantidad para los alfileres de su esposa sobre el precio de su cosecha.

Los cuatro o cinco luises que regalaba el holandés o e belga que adquiría la cosecha de Grandet formaban la única renta anual de la señora Grandet; pero cuando recibía los cinco luises, su marido le decía frecuentemente como si la bolsa fuese común:

-¿Tienes suelto para prestarme?

Y la pobre mujer, feliz ante la idea de poder hacer algo por un hombre que su confesor le representaba como su señor y dueño, le devolvía en el transcurso del invierno algunos escudos del dinero que había recibido para alfileres.

Cuando Grandet se sacaba del bolsillo la moneda de cinco francos asignada cada mes para los gastos pequeños, como hilo, agujas y tocado de su hija, no dejaba nunca de decirle a su mujer, después de haberse abrochado la chaqueta:

-Y tú, mujer, ¿quieres algo?

-Ya veremos, amigo mío, decía la señora Grandet llevada de un sentimiento de dignidad maternal.

¡Sublimidad perdida! Grandet se creía generoso con su mujer. Los filósofos que encuentran muchas Nanón, señoras Grandet y Eugenias, ¿no tienen derecho para creer que la ironía es el rasgo distintivo del carácter de la Providencia? Después de aquella comida, donde por primera vez se habló de la boda de Eugenia, Nanón fue a buscar una botella de casis al cuarto del señor Grandet, y estuvo a punto de caer al bajar.

-¡Gran bestia! le dijo su amo, ¿también tú te vas a caer como la gente?

-Señor, es que el peldaño este de su escalera está roto.

-Es verdad, dijo la señora Grandet, hace ya tiempo que debías haberlo compuesto. Ayer Eugenia estuvo a punto de caerse.

-Mira, dijo Grandet a Nanón al verla pálida, Ya que es el cumpleaños de Eugenia y has estado a punto de caerte, toma una copita de casis para reponerte.

-A fe que la he ganado bien, dijo Nanón; en mi lugar, cualquiera otro hubiese roto la botella; pero yo me hubiera roto un brazo por sostenerla en el aire.

-¡Pobre Nanón! dijo Grandet sirviéndole una copa de casis.

-¿Te has hecho daño? le dijo Eugenia mirándola con interés.

-No, me sostuve aguantándome con los riñones.

-¡Bueno! ya que es el cumpleaños de Eugenia, voy a arreglaros ese peldaño, dijo Grandet. No sé como no sabéis vosotras poner el pie en el rincón, en un lugar en que aun está sólido.

Grandet tomó la bujía, dejó a su mujer, a su hija y a su criada sin más luz que la del hogar, que despedía vivas llamas, y se fue al horno a buscar tablas, clavos y herramientas.

-¿Quiere usted que le ayude? gritó Nanón al oírle martillar en la escalera.

-No, no, no me haces falta, respondió el antiguo tonelero.

En el momento en que Grandet componía su escalera y silbaba con todas sus fuerzas, recordando los tiempos de su juventud, los tres Cruchot llamaron a la puerta.

-¿Es usted, señor Cruchot? preguntó Nanón mirando por la rejilla.

-Sí, respondió el presidente.

Nanón abrió la puerta, y el resplandor del hogar permitió a los tres Cruchot ver la entrada de la sala.

-¡Ah! son ustedes muy obsequiosos, dijo Nanón al sentir las flores.

-Señores, dispénsenme, estoy con ustedes enseguida, gritó Grandet al reconocer la voz de sus amigos. Estoy avergonzado, porque me cogen ustedes componiendo un peldaño de mi escalera.

-Siga usted, siga usted, señor Grandet, cada cual hace en su casa lo que quiere, dijo sentenciosamente el presidente.

La señora y la señorita Grandet se levantaron, y el presidente, aprovechándose de la obscuridad, dijo a Eugenia, ofreciéndole al mismo tiempo un ramillete de flores raras en Saumur:

-Señorita, permítame que la felicite y que le manifieste hoy, que es su cumpleaños, mis ardientes deseos de que los celebre usted muchos años con la alegría y salud con que lo celebra hoy.

Y acto continuo, estrechando a la heredera, la besó en ambos lados del cuello con una complacencia que ruborizó a Eugenia. El presidente, que parecía un clavo oxidado, creía hacer la corte de este modo.

-No se molesten ustedes, dijo Grandet entrando. ¡Caramba! ¡qué elegante va usted los días de fiesta, señor presidente!

-¡Bah! estando con la señorita, respondió el abate Cruchot armado de su ramo, todos los días serían fiesta para mi sobrino.

El cura besó la mano de Eugenia, y respecto al notario Cruchot, se limitó a besar a la joven en las dos mejillas, diciéndole:

-¡Cómo va usted creciendo! Ya se ve, cada año son doce meses.

Volviendo a colocar la luz sobre la chimenea, Grandet, que no olvidaba nunca un chiste y que lo repetía hasta la saciedad cuando a él le gustaba, dijo:

-Ya que es el cumpleaños de Eugenia, encendamos los candelabros.

Y esto diciendo, quitó cuidadosamente los vasos de los candelabros, colocó la arandela en cada pedestal, tomó de manos de Nanón una vela de sebo nueva rodeada por el extremo de una tira de papel, la metió en el agujero, la aseguró, la encendió y fue a sentarse al lado de su mujer, mirando alternativamente a sus amigos, a su hija y las dos bujías.

El abate Cruchot, hombre regordete y rechoncho, con peluca roja y lisa y con cara de mujer retozona, dijo adelantando sus pies bien calzados con gruesos zapatos provistos de hebillas de plata:

-¿No han venido aún los Grassins?

-Todavía no, dijo Grandet.

-Pero ¿tienen que venir? preguntó el viejo notario haciendo gestos con su cara agujereada como una espumadera.

-Creo que sí, respondió la señora Grandet.

-¿Ha acabado usted ya de vendimiar? preguntó el presidente Bonfons a Grandet.

-Sí, dijo el anciano viñero levantándose para pasearse a lo largo de la sala y alzando el tórax con un movimiento lleno de orgullo.

Al hacer este movimiento, el avaro vio por la puerta del corredor que daba a la cocina a la gran Nanón sentada al fuego con una luz encendida y preparándose a hilar allí para no mezclarse en la fiesta.

-¡Nanón! dijo entonces internándose en el corredor, ¿quieres apagar ese fuego y esa luz y venir aquí? ¡pardiez! la sala es bastante grande para todos.

-Pero, señor, teniendo visitas de etiqueta...

-¿No vales tú tanto como ellos? Son de la casta de Adán, como tú.

Grandet se volvió después hacia el presidente, y le dijo:

-¿Ha vendido usted su cosecha?

-A fe que no, la conservo. Si ahora es bueno el vino, dentro de dos años será aún mejor. Ya sabe usted que los propietarios se han jurado sostener los precios convenidos, y este año los belgas no han de poder más que nosotros. Si se van, que se vayan, ya volverán.

-Sí, pero hay que tener cuidado, dijo Grandet con un tono que hizo temblar al presidente.

-¿Estará vendiendo el suyo? pensó Cruchot.

En este momento, un aldabonazo anunció a la familia Grassins, y su llegada interrumpió una conversación empezada entre la señora Grandet y el cura.

La señora de Grassins era una de esas mujercitas vivarachas, regordetas, blancas y rosadas, que, gracias al régimen monástico de provincias Y a los hábitos de una vida virtuosa, se conservan jóvenes aun a los cincuenta años. Esas mujeres son como esas últimas rosas del verano, cuya vista causa placer, pero cuyos pétalos están marchitos y cuyo perfume se ha perdido.
La señora de Grassins vestía bastante bien, encargaba sus vestidos a París, imponía la moda a la villa de Saumur y daba reuniones en su casa. Su marido, antiguo cuartelmaestre de la guardia imperial, gravemente herido en Austerlitz, y retirado, conservaba, a pesar de su consideración hacia Grandet, la aparente franqueza de los militares.

-Buenas noches, Grandet, le dijo al viñero tendiéndole la mano y afectando una especie de superioridad con que achicaba siempre a los Cruchot. Señorita, dijo a Eugenia después de haber saludado a la señora Grandet; es usted tan guapa y juiciosa, que no sé, en verdad, lo qué desearle.

Y esto diciendo, le entregó una cajita que llevaba su criado y que contenía un brezo del Cabo, flor traída recientemente a Europa y muy rara.

La señora de Grassins besó muy afectuosamente a Eugenia, le estrechó la mano y le dijo:

-Adolfo se ha encargado de ofrecerle a usted mi insignificante.. regalo.

Un joven alto, rubio, pálido y delgado, de maneras distinguidas y tímido en apariencia, pero que acababa de gastar en París, adonde había ido a estudiar la carrera de derecho, ocho o diez mil francos, además de sus gastos ordinarios, se acercó a Eugenia, la besó en ambos carrillos y le ofreció un neceser, cuyos utensilios eran de plata sobredorada, una verdadera mercancía de pacotilla, a pesar del escudo en el que una E y una G góticas, bastante bien grabadas, podían hacer creer que se trataba de una alhaja.

Al abrirlo, Eugenia sintió una de esas alegrías inesperadas que hacen enrojecer y temblar de satisfacción a las jóvenes. Después volvió los ojos hacia su padre, como para saber si debía aceptar el regalo, y el señor Grandet le dijo un: «Tómalo, hija mía, con un tono que hubiera ilustrado a un actor. Los tres Cruchot quedaron estupefactos al ver la alegre y animada mirada que le dirigió a Adolfo la heredera, a la que semejantes riquezas parecieron inauditas.

El señor de Grassins ofreció a Grandet un polvo de tabaco, tomó él otro, sacudió los granos que habían caído sobre la cinta de la Legión de honor, pegada al ojal de su levita azul, y después miró a los Cruchot con aire que parecía decir:

-¡Chupaos esa!

La señora de Grassins fijó sus ojos en los floreros azules donde habían sido colocados los ramos de los Cruchot, buscando sus regalos con la fingida buena fe de una mujer burlona. En tan delicada circunstancia, el abate Cruchot dejó que los reunidos se sentasen en torno del fuego, y fue a pasearse al fondo de la sala con Grandet. Cuando estos dos ancianos estuvieron en el alféizar de la ventana más distante de los Grassins, el sacerdote dijo al oído al avaro:

-¡Esa gente tira el dinero por la ventana!.

-¿Qué más da, si viene a parar a mi bolsillo? respondió el anciano viñero.

-Si usted quisiera dar tijeras de oro a su hija, no le faltan ciertamente medios, dijo el cura.

-Yo le doy cosa mejor que tijeras, dijo Grandet.

-Mi sobrino es un alma de cántaro, pensó el cura mirando al presidente, cuyos desgreñados cabellos contribuían a aumentar la poca gracia de su fisonomía morena. ¿No podía haber escogido algún regalo de valor?

-¿Vamos a empezar la partida, señora Grandet? dijo la madre de Adolfo.

-Sí, pero ya que estamos todos reunidos, podemos hacer dos mesas.

-Ya que es el cumpleaños de Eugenia, podéis hacer una lotería general, y así podrán jugar los dos niños, dijo el antiguo tonelero, que no jugaba nunca a ningún juego, señalando a su hija y a Adolfo. Vamos, Nanón, pon las mesas.

-Vamos a ayudarle a usted, señorita Nanón, dijo alegremente la señora de Grassins, muy satisfecha al ver la alegría que había causado a Eugenia.

-En mi vida he estado más contenta, le dijo la heredera. Nunca he visto cosa más bonita.

-Adolfo lo escogió y lo trajo de París, le dijo la señora de Grassins al oído.

-¡Trabaja, trabaja, condenada intrigante! se decía para sus adentros el presidente. ¡Si tú o tu marido tenéis algún día un pleito, os juro que me las pagaréis!

El notario, sentado en un rincón, miraba al cura con aire tranquilo, diciéndose:

-Los Grassins trabajan en vano, porque mi fortuna, la de mi hermano y la de mi sobrino ascienden a un millón cien mil francos: mientras que ellos poseerán a lo sumo la mitad, y tienen dos hijos. Así, pues, ya pueden ofrecer lo que quieran. Heredera y regalos serán para nosotros algún día.

A las ocho y media de la noche estaban dos mesas preparadas; la bonita señora de Grassins había logrado poner a su hijo al lado de Eugenia. Los actores de esta escena, llena de interés, aunque vulgar en apariencia, provistos de abigarrados y cifrados cartones y de chinitas de vidrio azul, parecían escuchar las gracias del anciano notario, que no sacaba un número sin hacer alguna observación; pero todos pensaban en los millones del señor Grandet.

Este contemplaba vanidosamente el fresco tocado de la señora de Grassins, la marcial cabeza del banquero, la de Adolfo, al presidente, al cura y al notario, y se decía para sus adentros:

-Están ahí por mis escudos, y vienen a aburrirse aquí por mi hija. ¡Infelices! mi hija no será ni para unos ni para otros, y ellos me han de servir de anzuelo para pescar.

Aquella alegría de familia en aquel salón antiguo, mal alumbrado por dos velas de sebo; aquellas risas acompañadas del ruido de la rueca de la gran Nanón, y que no eran sinceras más que en los labios de Eugenia o en los de su madre; aquella pequeñez unida a tan grandes intereses: aquella joven, que, semejante a esos pájaros víctimas del elevado precio a que se venden y que ellos ignoran, se veía molestada y zarandeada por falsas pruebas de amistad; en una palabra, todo contribuía a hacer aquella escena tristemente cómica.

Pero, si bien se mira, ¿no es la escena esta propia de todos los tiempos y de todos los lugares, si bien reducida a su más simple expresión? La figura de Grandet explotando la falsa adhesión de dos familias y sacando enormes beneficios de ellas, era el rasgo característico de este drama. Los gratos sentimientos de la vida no ocupaban allí más que un lugar secundario, y sólo animaban a tres corazones puros: el de Nanón, el de Eugenia y el de su madre.

Los demás rendían tributo al becerro de oro. Pero ¡cuánta ignorancia encerraba la sencillez de aquéllas! Eugenia y su madre no conocían la fortuna de Grandet, estimaban las cosas de la vida al resplandor de sus pobres ideas y no apreciaban ni despreciaban el dinero, porque estaban acostumbradas a pasar sin él. Sus sentimientos, heridos sin que ellas mismas se diesen cuenta, y la humildad de su vida, constituían curiosas excepciones en aquella reunión de personas cuya existencia era puramente material. ¡Espantosa condición humana! no hay dicha que no provenga de alguna ignorancia. En el momento en que la señora Grandet ganaba un lote de ochenta céntimos, que era el más considerable que se había jugado nunca en aquella casa, un aldabonazo resonó en la puerta, haciendo tal ruido, que las mujeres saltaron en sus sillas.

-No es de Saumur el que llama de ese modo; dijo el notario.

-¡Qué manera de llamar! dijo Nanón. ¿Si querrán echar la puerta abajo?

-¿Qué diablo es eso? exclamó Grandet.

Nanón tomó una de las velas y fue a abrir, acompañada de Grandet.

-¡Grandet! ¡Grandet! exclamó su mujer que, movida por un vago sentimiento de temor, se precipitó hacia la puerta de la sala.

Todos los jugadores se miraron.

-¿Les parece a ustedes que vayamos? dijo el señor de Grassins. Ese aldabonazo me da mala espina.

Apenas había dicho estas palabras el señor de Grassins, cuando vio la figura de un joven, acompañado del mozo de la posta, el cual llevaba dos maletas enormes y arrastraba unos sacos de noche. Grandet se volvió bruscamente hacia su mujer, y le dijo:

-Señora Grandet, continúen ustedes jugando, que ya me entenderé yo con el señor.

Y dicho esto cerró la puerta de la sala, donde los jugadores, inquietos, recobraron sus asientos, pero sin continuar el juego.

-¿Es alguno de Saumur, señora de Grassins? preguntó la señora Grandet.

-No, es un viajero.

-A estas horas sólo puede venir de París.

-En efecto, dijo el notario sacando su. antiguo reloj de dos dedos de grueso y que parecía una verdadera patata, son las nueve. ¡Diablo! la diligencia oficial no llega nunca tarde.

-¿Y es joven ese señor? preguntó el abate Cruchot.

-Sí, respondió el señor de Grassins, y trae paquetes que deben pesar lo menos trescientos kilos.

-Y Nanón no viene, dijo Eugenia.

-Debe ser algún pariente de ustedes, dijo el presidente.

-Hagamos las puestas, exclamó en voz baja la señora Grandet. He conocido por la voz que mi marido estaba contrariado, y acaso no le guste que hablemos de sus asuntos.

-Señorita, dijo Adolfo a su vecina, debe ser su primo Grandet, guapo muchacho a quien conocí en el baile del señor de Nucingén.

Adolfo no continuó, porque su madre le dio un pisotón para advertirle que callase, diciéndole después al oído en cuando tuvo ocasión:

-¡Necio! ¿quieres callar?

En este momento, Grandet entró con la gran Nanón, cuyos pasos, unidos a los el mozo de la posta, resonaron en las escaleras. El antiguo tonelero iba seguido del viajero que tanto excitaba la curiosidad hacía algunos instantes, y que preocupaba tan vivamente a todas las imaginaciones, que su llegada a aquella casa y su caída entre aquella gente sólo puede ser comparada a la de un caracol en una colmena, o a la introducción de un pavo real en algún corral obscuro de aldea.

-Siéntese usted al lado del fuego, le dijo Grandet.

Antes de sentarse, el joven forastero saludó con mucha gracia a los reunidos. Los hombres se levantaron para responder con una cortés inclinación, y las mujeres hicieron una ceremoniosa reverencia.

-Traerá usted frío, ¿verdad, caballero? dijo la señora Grandet. ¿Viene usted acaso de... ?

-¡Diablo de mujeres! dijo el anciano viñero dejando la lectura de una carta que tenía en la mano; ¿no dejaréis descansar a ese señor?

-Pero, papá, acaso necesite algo este joven, dijo Eugenia.

-Ya tiene lengua para pedirlo, respondió severamente el viñero.

El desconocido fue el único a quien sorprendió esta escena, pues los demás estaban acostumbrados a los despóticos modales del avaro.

Esto no obstante, cuando estas dos preguntas Y estas dos respuestas fueron cambiadas, el desconocido se levantó, se puso de espaldas al fuego, alzó un pie para calentar la suela de las botas, y dijo a Eugenia:

-Prima mía, le doy a usted las gracias, pero he comido ya en Tours.

Y después, dirigiéndose a Grandet, añadió:

-No necesito nada, ni estoy cansado.

—¿Viene el señor de la capital? le preguntó la señora de Grassins.

Don Carlos, que así se llamaba el hijo del señor Grandet, de París, al oír que le interpelaban, tomó el monóculo que pendía de su cuello mediante una cadena, lo aplicó a su ojo derecho para examinar lo que había sobre la mesa y las personas que estaban sentadas en torno de ella, miró impertinentemente a la señora de Grassins y le dijo, después de haberlo examinado todo:

—Sí, señora. Pero, tía, añadió, veo que jugaban ustedes a la lotería, y les ruego que no dejen por mí un juego tan divertido.

—Estaba segura de que era el primo, pensaba la señora de Grassins dirigiéndole miradas a hurtadillas.

—¡El cuarenta y siete! gritó el anciano cura. ¡Pero marque usted, señora de Grassins, que tiene usted este número!

El militar colocó una chinita sobre el cartón de su mujer, la cual, agobiada por tristes presentimientos, observó sucesivamente al primo de Paris y a Eugenia, sin pensar en la lotería. De cuando en cuando, la joven heredera dirigía furtivas miradas a su primo, y la mujer del banquero pudo descubrir fácilmente en ellos un crescendo de asombro o de curiosidad.

Don Carlos Grandet, guapo joven de veintidós años, producía en este momento un singular contraste con los buenos provincianos, a los que les fastidiaban ya sus maneras aristocráticas, y procuraban estudiarlas para burlarse luego de él.
Esto exige una explicación. A los veintidós años, los jóvenes están aún muy fronterizos con la infancia para no dejarse llevar de niñerías; así, pues, de cien que se hubiesen encontrado en la, situación de Carlos, noventa y nueve hubieran obrado como él. Algunos días antes de la noche en que comienza esta historia, el padre del joven le había dicho que fuese a pasar algunos meses a Saumur a casa de su hermano. El señor Grandet, de París, pensaba, sin duda, en Eugenia.

Carlos, que llegaba a provincias por primera vez, quiso presentarse allí con la superioridad de un joven elegante, desesperar a la comarca con su lujo y formar época, importando las invenciones de la vida parisiense. En fin, para explicarlo todo en una palabra, quería pasar en Saumur más tiempo que en París limpiándose las uñas, cuidando de su persona y vistiendo con el mayor esplendor.

Carlos se llevó, pues, el traje más bonito de caza, la escopeta más bonita y el cuchillo de monte más bonito de Paris. Se llevó también su más ingeniosa colección de chalecos, en la que los había de color gris, blancos, negros, de color de escarabajo, con reflejos dorados, a rayas, de cuello sencillo, de cuello vuelto, cruzados, cerrados y con botones de oro. Se llevó también todas las variedades de cuellos Y corbatas que estaban de moda a la sazón, dos levitas de Buisson y su ropa blanca más fina, un neceser de oro, regalo de su madre, y todos los cachivaches de petimetre, sin olvidar una admirable escribanía, regalo de la más amable de las mujeres, para él, al menos, de una gran señora que se llamaba Anita y que viajaba marital y aburridamente por Escocia, víctima de algunas sospechas por las que tuvo que sacrificar momentáneamente su dicha.

Como es natural, no se olvidó tampoco de llevar papel perfumado para escribirle una carta cada quince días. En una palabra, que su equipaje consistía en un cargamento completo de futilidades parisienses, donde, desde el látigo que sirve para comenzar un duelo, hasta las hermosas pistolas grabadas a cincel, se encontraban todos los instrumentos aratorios de que se sirve un joven ocioso para laborear alegremente la vida.

Como su padre le hubiese dicho que viajase solo y modestamente, Carlos había tomado para sí solo el cupé de la diligencia, muy satisfecho de no estropear un hermoso coche de viaje que había encargado para salir al encuentro de su Anita, la gran dama que... etc., y a la cual debía unirse en julio próximo en las aguas de Baden. Carlos contaba encontrar cien personas en casa de su tío, cazar a caballo en sus bosques y hacer, en fin, vida de campo, y como no supiese que estaba en Saumur, lo primero que hizo al llegar fue preguntar por el camino de Froidfond; pero, al saber que su tío vivía en la villa, creyó que viviría en un gran palacio, y, a fin de hacer una entrada conveniente en casa de su tío, ya estuviese en Saumur, o ya en

Froidfond, se había puesto un traje de viaje de la manera más sencilla y más adorable que puede vestirse un hombre.

En Tours acababa de cambiarse de ropa interior y de ponerse una corbata de satín negro con un cuello bajo que sentaba admirablemente a su blanca y risueña cara, y un peluquero le había rizado sus hermosos cabellos castaños. Una levita de viaje medio abrochada le dibujaba el talle y dejaba ver un chaleco de cachemira, bajo el cual llevaba un segundo chaleco, blanco. Su reloj, metido negligentemente en uno de los bolsillos de su chaleco, iba unido a un ojal mediante una corta cadena de oro. Su pantalón gris se abotonaba a los lados, cuyas costuras estaban adornadas con dibujos bordados de seda negra. El joven manejaba graciosamente un bastón cuyo puño de oro no alteraba la limpieza de sus guantes grises.

Finalmente, su gorra era de exquisito gusto. Sólo un parisiense de la esfera más elevada podía vestirse de este modo sin parecer ridículo y comunicar cierta armónica fatuidad a todas estas futilidades, fatuidad que estaba sostenida, por otra parte, con aire arrogante, con el aire de un joven que tiene hermosas pistolas, ojo certero y una Anita. Ahora, si queréis comprender bien la sorpresa respectiva de los habitantes de Saumur y del joven parisiense, y ver perfectamente lo mucho que brillaba la elegancia del viajero en medio de las sombras grises de la sala y de las figuras que componían este cuadro de familia, procurad representaros a los Cruchot.

Los tres tomaban rapé, y hacía ya tiempo que no se cuidaban de que no les cayese el moco, ni de evitar las manchitas en la pechera de sus camisas rojizas de cuellos abarquillados y de amarillentos pliegues. Sus arrugadas corbatas se arrollaban en forma de cuerda tan pronto como se las ponían al cuello. La enorme cantidad de ropa blanca que tenían y que les permitía no hacer colada más que cada seis meses y conservarla en el fondo de sus baúles y armarios, dejaba que el tiempo oprimiese en ella sus tintes grisáceos y obscuros. En estos objetos existía una perfecta armonía entre su repugnancia y su vejez. Sus caras, tan ajadas como raídas estaban sus ropas, y tan llenas de arrugas como sus pantalones, parecían estar gastadas y apergaminadas y gesticular.

La negligencia general de los demás vestidos, incompletos todos y viejos, como suelen serlo en provincias, donde se llega insensiblemente a dejar de vestirse los unos por los otros y a fijarse en un par de guantes, estaba en perfecta armonía con la apatía de los Cruchot. El horror a la moda era el único punto en que los grassinistas y los cruchotistas se entendían perfectamente. El parisiense tomaba su monóculo para examinar los singulares accesorios de la sala, las vigas del techo, el color de las maderas (donde las moscas habían impreso tal número de puntos, que hubieran bastado para puntuar la Enciclopedia metódica y el Monitor) tan pronto como los jugadores de la lotería levantaban la cabeza y le examinaban con tanta curiosidad como si fuese una jirafa.

El señor de Grassins y su hijo, para quienes no era desconocida la figura de un hombre a la moda, no dejaron de asociarse al asombro de sus vecinos, ya porque experimentasen la indefinible influencia de un sentimiento general, o ya porque lo aprobasen diciendo a sus compatriotas, mediante miradas llenas de ironía: «¡He aquí lo que son los parisienses! «Por otra parte, todos podían observar a su gusto a Carlos sin temor a desagradar al dueño de la casa. Grandet estaba entretenido en la lectura de la carta que acababa de recibir, y había tomado para leerla la única vela que había sobre la mesa, sin preocuparse de sus huéspedes ni de su lotería. Eugenia, que desconocía el tipo de una perfección semejante, creyó ver en su primo una criatura bajada de alguna región seráfica, aspiraba con delicia los perfumes que exhalaba aquella cabellera tan brillante y tan graciosamente rizada y hubiera querido tocar la piel blanca de aquellos guantes tan hermosos y tan finos.

La joven envidiaba a Carlos sus pequeñas manos, su tez y la frescura e delicadeza de sus facciones. En una palabra, si esta imagen puede resumir las impresiones que el hombre elegante produce en una joven ignorante, ocupada sin cesar en reparar medias, en remendar la ropa de su padre y cuya vida había transcurrido en aquella sombría casa, sin ver pasar por su silenciosa calle más que un transeúnte por hora, la presencia de su primo hizo surgir en su corazón las emociones de fina voluptuosidad que causan a un joven las fantásticas figuras de las mujeres dibujadas por Westall en los álbums ingleses, y grabadas a buril por los Finden con tanta habilidad, que llega a temerse que, soplando sobre el cartón, lleguen a borrarse aquellas apariciones celestes.

Carlos sacó del bolsillo un pañuelo bordado por la gran dama que viajaba por Escocia. Al ver aquella bonita obra hecha con amor durante las horas perdidas para el amor, Eugenia miró a su primo para ver si iba en realidad a servirse de él. Los modales, sus gestos, la manera como manejaba su monóculo, su impertinencia afectada, su desprecio por el cofrecito que acababa de causar tanto placer a la rica heredera, y que él encontraba, indudablemente, sin valor o ridículo; en una palabra, todo lo que chocaba a los Cruchot o a los Grassins le agradaba a ella tanto, que, antes de dormirse, debió pensar mucho tiempo en aquel fénix de los primos.

Los números se sacaban con mucha lentitud; pero la lotería no tardó en acabar.

Después la gran Nanón entró y dijo:

-Señora, tendrá usted que darme sábanas para hacer la cama a ese señor.

La señora Grandet siguió a Nanón, y entonces la señora de Grassins dijo en voz baja:

-Vale más que guardemos el dinero y que dejemos el juego.

Y acto continuo cada uno cogió sus diez céntimos del platito, reuniéndose después la asamblea para conversar en torno del fuego.

-¿Han acabado ustedes ya? dijo Grandet sin dejar la carta.

-Sí, sí, dijo la señora de Grassins yendo a sentarse al lado de Carlos.

Eugenia, movida por uno de esos pensamientos que nacen en el corazón de las jóvenes cuando un sentimiento se alberga en él por primera vez, dejó la sala para ir a ayudar a su madre y a Nanón. Si la joven hubiera sido interrogada en este momento por un confesor hábil, sin duda hubiera declarado que al dar aquel paso no lo hacía por su madre ni por Nanón, sino movida por el punzante deseo de inspeccionar el cuarto de su primo para ocuparse allí de él, para arreglarle algo, para obviar cualquier olvido, para preverlo todo, para ponerlo, en fin, lo más elegante y limpio posible. Eugenia se creía ya la única capaz de comprender los gustos y las ideas de su primo.

Y en efecto, llegó, afortunadamente, para probar a su madre y a Nanón que todo estaba por hacer, cuando ellas volvían creyendo que estaba todo hecho. Eugenia advirtió a la gran Nanón que debía calentar las sábanas con el calentador, cubrió la mesa con un mantel, y recomendó a Nanón que lo cambiase todas las mañanas.

Convenció a su madre de la necesidad de encender un buen fuego en la chimenea y determinó a Nanón a subir, sin decir nada a su padre, un gran montón de leña del corredor. Corrió a buscar, a uno de los rincones de la sala, una bandeja de laca, que provenía de la herencia del difunto señor de la Bertelliere, tomó asimismo una copa y una cucharita desdorada y lo puso triunfalmente todo en un rincón de la chimenea. Eugenia había tenido más ideas en aquel cuarto de hora que en toda su vida.

-Mamá, mi primo no podrá soportar el olor de una vela de sebo. ¿Si comprásemos una bujía...?

Y esto diciendo, se fue, ligera como un pájaro a buscar los cinco francos que había recibido para los gastos del mes, para decirle a Nanón:

-Toma, Nanón, corre.

-Pero ¿qué dirá tu padre, y de dónde sacarás el azúcar? ¿Estás loca?

Esta terrible objeción fue hecha por la señora Grandet al ver a su hija armada de una vieja azucarera de Sevres que el señor Grandet había traído del castillo de Froidfond.

-Mamá, Nanón comprará el azúcar al mismo tiempo que la bujía.

-Pero ¿y tu padre?

-¿Te parece que está bien que su sobrino no pueda beber un vaso de agua con azúcar? Además, papá no se fijará.

-Tu padre se fija en todo, dijo la señora Grandet moviendo la cabeza.

Nanón dudaba porque conocía a su amo.

-Bueno, hoy es mi cumpleaños; anda, corre, Nanón.

Ésta soltó una carcajada al oír la primera broma que su ama se había permitido en su vida, y la obedeció. Mientras que Eugenia y su madre se esforzaban por embellecer el cuarto que el señor Grandet destinaba a su sobrino, Carlos era objeto de las atenciones de la señora de Grassins, que le prodigaba mil halagos.

-Señor, ya se necesita valor para dejar los placeres de la capital durante el invierno y venir a vivir a Saumur, le dijo. Pero, si no le causamos a usted miedo, ya verá que también aquí se puede uno divertir.

Y al mismo tiempo que le decía esto, le dirigió una de esas miradas de provincias donde, por costumbre, las mujeres miran con tanta reserva y prudencia, que comunican a sus ojos la delicada concupiscencia propia de los eclesiásticos, para quienes todo placer es un robo o una falta.

Carlos se encontraba tan extrañado en aquella sala, tan lejos del vasto castillo y de la fastuosa existencia que suponía a su tío, que, mirando a la señora de Grassins, vio al fin en ella una imagen pálida de las figuras parisienses; respondió con gracia a la especie de demostración que le habla sido dirigida y, como es natural, entabló una especie de conversación en la que la señora de Grassins fue bajando gradualmente la voz para ponerla en armonía con la naturaleza de sus confidencias.

Lo mismo ella que Carlos sentían una viva necesidad de confianza; de modo que, después de algunos momentos de alegre charla, la diestra provinciana pudo decirle, sin creer ser escuchada por las demás personas que hablaban de la venta de vinos, que era el asunto que ocupaba a la sazón a todo Saumur:

-Señor, si quiere usted hacernos el honor de venir a vernos, nos causará un gran placer lo mismo a mi marido que a mí. Nuestro salón es el único en Saumur donde encontrará usted reunidos el alto comercio y la nobleza: nosotros pertenecemos a las dos sociedades, que sólo quieren encontrarse en nuestra casa porque únicamente allí se divierten.

Mi marido, y esto lo digo con orgullo, es tan considerado por los unos como por los otros. Ya procuraremos distraerle mientras permanezca usted aquí. Si se queda en casa del señor Grandet, ¿qué va a ser de usted, Dios mío? Su tío es un avaro que no piensa más que en el dinero, su tía es una devota que no sabe enlazar dos ideas, y su prima es una tontuela sin educación, ordinaria, sin dote, y que pasa la vida remendando rodilleras.

-Es simpática esta mujer, se dijo para sus adentros Carlos Grandet, respondiendo así a los halagos de la señora de Grassins.

-Amiga mía, me parece que quieres conquistar a ese señor, dijo riéndose el alto y gordo banquero.

Al oír esta observación, el notario y el presidente dijeron algunas frases maliciosas; pero el cura les miró con aire astuto y resumió sus pensamientos tomando un polvo de tabaco y ofreciendo su tabaquera a todo el mundo, al mismo tiempo que decía:

-¿Quién mejor que la señora para hacer los honores de Saumur a este caballero?

-¡Eh! ¿cómo se entiende eso, señor cura? preguntó el señor de Grassins.

-Señor mío, se entiende en el sentido más favorable para usted, para la señora, para la villa de Saumur y para este caballero, añadió el astuto anciano volviéndose hacia Carlos.

Aunque parecía que no había prestado la menor atención, el abate Cruchot supo adivinar la conversación de Carlos y de la señora de Grassins.

-Señor, dijo por fin Adolfo a Carlos, esforzándose para hablar con desenvoltura-, no sé si conservará usted recuerdo de mí: yo tuve el gusto de hablar con usted en un baile que dio el señor barón de Nucingén y...

-Sí, sí, caballero, me acuerdo perfectamente, respondió Carlos sorprendido al ver que era objeto de las atenciones de todo el mundo. ¿Es hijo de usted este joven? preguntó después a la señora de Grassins.

El cura miró maliciosamente a la madre.

-Sí, señor, respondió ésta.

-Le enviaron a usted muy joven a París, repuso Carlos dirigiéndose a Adolfo.

-¡Qué quiere usted, señor! dijo el cura; aquí los enviamos a Babilonia tan pronto como están destetados.

La señora de Grassins interrogó al cura dirigiéndole una mirada de asombrosa profundidad.

-Hay que venir a provincias para encontrar mujeres de treinta y tantos años tan frescas como está la señora, después de haber tenido hijos que están próximos a licenciarse en derecho, continuó el cura. Me parece aún que fue ayer cuando los jóvenes y las damas se subían a las sillas para verla a usted bailar, señora, añadió el cura volviéndose hacia su adversario hembra. Para mi, los éxitos de usted están frescos aún.

-¡Ah! ¡viejo maldito! se dijo para sus adentros la señora de Grassins, ¿habrá adivinado lo que pienso?

-Me parece que tendré mucho éxito en Saumur, se decía Carlos desabrochándose la levita, poniéndose la mano en el bolsillo del chaleco y fijando sus miradas en el espacio para imitar la postura atribuida por Chantrey a lord Byron.

La falta de atención del padre Grandet, o, mejor dicho, la preocupación en que le tenía sumido la lectura de la carta, no pasó desapercibida para el notario ni para el presidente, los cuales procuraban deducir su contenido por los imperceptibles movimientos de la cara de Grandet, que estaba a la sazón muy iluminada por la vela. El viñero mantenía con dificultad la acostumbrada tranquilidad de su fisonomía. Por otra parte, cualquiera puede imaginarse la actitud afectada por este hombre al leer la fatal carta que va a continuación».

«Hermano mío, Pronto va a hacer veintitrés años que no nos hemos visto. Mi casamiento fue el motivo de nuestra última entrevista, después de la cual nos separamos uno de otro alegremente. A decir verdad, yo no podía sospechar nunca que tú hubieses de ser un día el sostén de la familia, por cuya prosperidad te interesabas tanto en aquella época.

Cuando recibas esta carta, yo ya no existiré. En la situación en que me encuentro, no quiero sobrevivir a la vergüenza de una quiebra. Me he mantenido al borde del abismo hasta el último momento, esperando poder sostenerme; pero no hay remedio, es preciso caer. Las quiebras reunidas de mi agente de Bolsa y de Roguín, mi notario, se llevan mis últimos recursos y me dejan en la miseria. Tengo el dolor de deber cuatro millones, sin poder ofrecer más que el veinticinco por ciento de activo. Mis vinos almacenados experimentan en este momento la ruinosa baja que causan la abundancia y la calidad de vuestras cosechas.

Dentro de tres días París dirá-. «¡El señor Grandet era un bribón! « y yo, probo, habré de quedar cubierto con un sudario de infamia. Arrebato a mi hijo su nombre honrado y la fortuna de su madre. Ese idolatrado hijo, a quien adoro, no sabe nada aún. Nos hemos despedido tiernamente. Por fortuna, él ignoraba que aquel adiós era el último de su padre.

¿No me maldecirá algún día? Hermano mío, hermano mío, la maldición de nuestros hijos es espantosa: ellos pueden apelar de la nuestra, pero la suya es irrevocable. Grandet, tú eres mi hermano mayor, y, como tal, me debes protección: haz que Carlos no pronuncie ninguna palabra amarga sobre mi tumba. Hermano mío, si te escribiese con mi sangre y con mis lágrimas, esta carta no, encerraría tantos dolores como encierra, porque lloraría, sangraría, estaría muerto y no sufriría ya; mientras que ahora sufro y miro la muerte con mirada serena.

Hete ya, pues, constituido en padre de Carlos, el cual ya sabes que no tiene parientes por la línea materna. ¿Por qué no he obedecido a las preocupaciones sociales? ¿Por qué me he casado con la hija natural de un gran señor? Carlos no tiene más familia que tú. ¡Oh hijo mío! ¡desgraciado hijo mío! Escucha, Grandet, no imploro nada para mí, pues, por otra parte, creo que tus bienes no son bastante considerables para soportar una hipoteca de tres millones.

Pero te pido protección para mi hijo. Sábelo bien, hermano mío, mis manos suplicantes se han elevado al cielo al pensar en ti. Grandet te confío a Carlos al morir, y contemplo mis pistolas sin dolor pensando que tú le servirás de padre. Carlos me quería mucho porque yo era bueno para él y no le contradecía nunca; así que espero que no me maldecirá. Por otra parte, tú mismo lo verás: es cariñoso

Y bueno, se parece a su madre y no te dará nunca un disgusto.¡Pobre hijo mío! Acostumbrado a los goces del lujo, no conoce ninguna de las privaciones a que a ti y a mí nos condenó nuestra primera miseria... y hele ya arruinado, solo. Sí, todos mis amigos huirán de él, y yo seré la causa de sus humillaciones. ¡Ah! ¡quisiera tener valor bastante para enviarle a los cielos al lado de su madre! ¡Locura!... vuelvo a hablarte de mi desgracia y de la de Carlos. Te lo he enviado para que le comuniques convenientemente mi muerte y la suerte que le espera. Sé un padre para él, pero un buen padre. No lo saques de pronto de su vida ociosa, porque lo matarías. Pídele de rodillas que renuncie a los créditos que en calidad de heredero de su madre podría exigir de mí. Pero este ruego me parece inútil porque Carlos es hombre de honor y comprenderá que no debe unirse a mis acreedores. Hazle renunciar a mi herencia en tiempo oportuno. Revélale las duras condiciones que yo le deparo, y si sigue teniéndome cariño, dile en mi nombre que no todo se ha perdido para él.

Dile que el trabajo, que nos ha salvado a los dos, puede devolverle la fortuna de que yo le privo, y, si quiere escuchar la voz de su padre, que quisiera salir un momento de la tumba, que se vaya, que emigre a las Indias. Hermano mio, Carlos es un joven honrado y valeroso: prepárale una pacotilla, que yo estoy seguro que él se moriría antes de dejar de devolverte la cantidad que le prestes, pues tú le prestarás lo que necesite, a menos que no quieras crearte remordimientos. ¡Ah! si mi hijo no encontrara protección ni cariño en ti, yo pediría venganza a Dios por tu dureza.

Si yo hubiese podido salvar alguna cantidad, tenía perfecto derecho a entregarle una parte a cuenta de los bienes de su madre; pero los pagos de fin de mes agotaron todos mis recursos. Yo no hubiera querido morir en la duda acerca de la suerte de mi hijo y hubiera deseado sentir santas promesas en tus labios que me hubieran consolado; pero me falta el tiempo. Mientras que Carlos viaja, yo me veo obligado a hacer el balance. Procuro probar, con la buena fe con que he obrado siempre en mis negocios, que mis desastres no han sido originados por culpa mía ni por falta de probidad.

¿No equivale esto a ocuparme de Carlos? Adiós, hermano mío. Que todas las bendiciones de Dios caigan sobre ti por la generosa tutela que te confío y que no dudo que aceptas. No olvides que una voz rogará por ti sin cesar en el mundo en que tenemos que reunirnos todos un día y en donde está ya

«VÍCTOR ÁNGEL GUILLERMO GRANDET».

-¿Están ustedes charlando? dijo el padre Grandet doblando la carta como estaba y metiéndosela en el bolsillo del chaleco. ¿Se ha calentado usted? añadió mirando a su sobrino con aire humilde y tímido, bajo el cual ocultó sus emociones y sus cálculos.

-Sí, querido tío.

-¿Dónde están las mujeres? dijo el tío olvidando ya que su sobrino tenía que dormir en su casa.

En este momento se presentaron Eugenia y la señora Grandet.

Está ya todo arreglado? les preguntó el buen hombre recobrando su calma.

-Sí, papá

-Pues bien, sobrino mío, si está usted cansado, Nanón le acompañará a su cuarto. ¡Que diantre! no será una habitación de pisaverde, pero ya dispensará usted a un pobre viñero que no ha tenido nunca un céntimo; los impuestos se lo llevan todo.

-Grandet, no queremos ser indiscretos, dijo el banquero. Usted tendrá que hablar con su sobrino, y, por lo tanto, nosotros nos marchamos. ¡Hasta mañana!

Dichas estas palabras, la asamblea se levantó, y cada uno se despidió según su carácter. El anciano notario fue a buscar a la puerta su linterna y se volvió a encenderla, ofreciéndose a los Grassins para acompañarlos. La señora de Grassins no había previsto este incidente que había de poner prematuro término a la velada, y su criado no había llegado aún.

-Señora, ¿quiere usted hacerme el honor de aceptar mi brazo? dijo el abate Cruchot a la señora de Grassins.

-Gracias, señor cura, ya tengo aquí a mi hijo, le respondió ella secamente.

-No olvide usted que las damas no se comprometen conmigo, dijo el cura.

-Mujer, ¿por qué no das el brazo al señor cura? dijo el marido.

El cura ofreció el brazo a la señora de Grassins y procuró anticiparse algunos pasos a la caravana.

-Señora, es guapo ese joven, le dijo estrechándole el brazo. Adiós nuestro dinero. Ahora tendrá usted que renunciar a la señorita Grandet; Eugenia será para el parisiense. A menos que su primo no se haya enamorado de alguna parisiense, su hijo Adolfo va a tener en él el rival más...

-Deje usted, deje usted, señor cura, ese joven no tardará en ver que su prima es una tontucia, una muchacha sin principios. ¿Se ha fijado usted? Esta noche estaba amarilla como un membrillo.

-¿Le ha hecho usted ya observar eso al primo?

-No me he tomado esa molestia.

-Señora, póngase usted siempre al lado de Eugenia y no tendrá usted que decir gran cosa a ese joven contra su prima: él mismo hará una comparación que...

-En primer lugar, me ha prometido venir a comer a mi casa pasado mañana.

-¡Ah! señora, si usted quisiere... dijo el cura.

-¿Qué quiere usted que yo quiera, señor mío? ¿Intenta usted darme malos consejos? Yo no he llegado a la edad de treinta y nueve años con una reputación sin tacha, a Dios gracias, para comprometerla aunque se tratase del imperio del gran Mogol. Lo mismo usted que yo estamos en una edad en que ya se conoce el valor de las palabras. Para ser eclesiástico, tiene usted ideas muy inconvenientes. ¡Diablo! eso es digno de Faublas.

-¿Ha leído usted a Faublas?

-No, señor cura, quería decir las Uniones peligrosas.

-¡Ah! ese libro es mucho más moral, dijo el cura riéndose. Pero usted me cree tan perverso como un joven del día. Quería sencillamente aconsejarle...

-Atrévase a decir que no iba a aconsejarme cosas feas. ¡Si está más claro que el agua! Si ese joven, que convengo que es muy guapo, me hiciese la corte, ya no pensaría en su prima. Yo sé que en París algunas buenas madres se sacrifican de este modo por la dicha y la fortuna de sus hijos; pero aquí estamos en provincias, señor cura.

-Sí, señora.

-Y ni yo ni Adolfo querríamos cien millones comprados a ese precio.

-Señora, yo no he hablado de cien millones. La tentación podría ser superior a nuestras fuerzas. Únicamente creo que una mujer honrada puede permitirse pequeñas coqueterías sin consecuencia que forman parte de sus deberes de sociedad, y que...

-¿Lo cree usted así?

-Señora, ¿no debemos procurar agradarnos los unos a los otros?... Permítame usted que me suene. Señora, le aseguro, repuso, que ese joven le miraba a usted con expresión más halagüeña que a mí; pero yo le perdono el que tenga preferencia por honrar a la belleza que a la vejez.

-Es claro, decía el presidente con su recia voz, que el señor Grandet envía a su hijo a Saumur con intenciones matrimoniales...

-Pero entonces el prim no hubiera caído aquí como una bomba.

-Eso no quiere decir nada, dijo el señor de Grassins, pues ya saben ustedes que el Viejo Grandet es muy misterioso.

-Grassins, ¿ya sabes que he invitado a comer a ese joven? Tendrás que ir a avisar a los señores de Larsonniere y a los Hautoy, en unión de la señorita Hautoy, por supuesto. ¡Con tal que ella se componga bien ese día! pues su madre, por celos, no la deja componerse mucho. Señores, espero que me harán ustedes el honor de venir, añadió deteniendo el cortejo para volverse hacia los dos Cruchot.

-Señora, ya está usted en su casa, dijo el notario.

Después de haber saludado a los tres Grassins, los tres Cruchot se volvieron a su casa, sirviéndose de ese genio analítico que poseen todos los provincianos para estudiar desde todos los puntos de vista el gran acontecimiento de aquella noche, que cambiaba las respectivas posiciones de los cruchotistas y de los grassinistas.

El admirable buen sentido que presidía las acciones de aquellos grandes especuladores, les hizo comprender la necesidad de una alianza momentánea contra el enemigo común. ¿No tenían que impedir mutuamente que Eugenia amase a su primo, y que éste pensase en su prima? ¿Podría resistir el parisiense a las pérfidas insinuaciones, a las melosas calumnias y a las halagüeñas maledicencias que iban a pulular constantemente en torno suyo para engañarle?

Cuando los cuatro parientes se encontraron solos en la sala, el señor Grandet dijo a su sobrino:

-Hay que acostarse, es demasiado tarde para hablar de los asuntos que le traen a usted aquí. Mañana escogeremos un momento conveniente. Aquí almorzamos a las ocho. Al mediodía, tomarnos un poco de pan con fruta y bebemos un vaso de vino blanco, y después comemos, como los parisienses, a las cinco: estas son nuestras costumbres. Si quiere usted ver la villa o los alrededores, estará usted libre como el aire, y me dispensará si mis negocios no me permiten acompañarle siempre.

Acaso oirá usted aquí decir a todos que soy rico: el señor Grandet por aquí, el señor Grandet por allá. Yo les dejo decir, porque sus charlas no perjudican a mi crédito; pero sepa usted que no tengo un céntimo, y que a mi edad trabajo como el que tiene por único bien una mala garlopa y dos buenos brazos. Tal vez usted mismo no tarde en ver lo que cuesta un escudo cuando hay que sudarlo. Vamos, Nanón, las velas.

-Sobrino mío, espero que encontrará usted todo lo que necesita; pero, caso de que le faltase algo, puede llamar a Nanón.

-Tía, me parece que no necesitaré nada, porque he traído conmigo todo lo que necesitaba. Conque buenas noches, tía. Que usted descanse, prima mía.

Carlos tomó de manos de Nanón una bujía encendida, una bujía de Anjou, tan amarilla, tan vieja y tan semejante a la vela de sebo, que el señor Grandet, incapaz de sospechar su existencia en la casa, no se apercibió de aquella magnificencia.

-Voy a enseñarle a usted el camino, dijo Grandet a Carlos.

En lugar de salir por la puerta de la sala que daba a la bóveda, Grandet tuvo la finura de ir por el pasillo que separaba la sala de la cocina. Una puerta vidriera cerraba aquel pasillo por la parte de la escalera, a fin de evitar el frío que entraba por ella. Pero en invierno la brisa no dejaba de penetrar por allí, y, a pesar de los rodetes que tapaban las junturas de las puertas de la sala, apenas se mantenía el calor en ella a un grado conveniente.

Nanón fue a echar los cerrojos de la puerta de entrada, cerró la sala y desató a un perro cuya voz estaba cascada como si padeciese una laringitis. Aquel animal, dotado de enorme ferocidad, sólo conocía a Nanón. Aquellas dos criaturas campestres se entendían. Cuando Carlos vio las paredes amarillentas y ahumadas de la caja de la escalera que temblaba bajo el pesado paso de su tío, su desilusión se fue rinforzando. El joven se creía en un gallinero. Su tía y su prima, hacia las cuales se volvió para examinar sus rostros, encontraban tan natural aquella escalera, que, no comprendiendo la causa del asombro de Carlos, lo tomaron por una expresión amistosa, y respondieron a ella con una sonrisa agradable que le desesperó.

-¿Para qué demonio me enviará aquí mi padre? se decía.

Al llegar al primer descansillo vio tres puertas pintadas de rojo sin jambas ni dintel, puertas perdidas en la polvorienta pared y provistas de flejes de hierro con pernos aparentes. La puerta que se encontraba en lo alto de la escalera y que daba entrada a la habitación situada encima de la cocina, estaba evidentemente tapiada. En efecto, sólo se podía penetrar en ella por el cuarto de Grandet, a quien esta pieza servía de despacho.

La única ventana por donde penetraba la luz daba al patio y estaba provista de una enorme reja de hierro. Nadie, ni aun la señora Grandet, tenía permiso para entrar allí: el buen hombre quería permanecer solo en aquel antro como un alquimista en su laboratorio. Allí tenía, sin duda, Grandet algún escondite hábilmente practicado, allí se almacenaban los títulos de propiedad, allí pendían las balanzas para pesar luises, allí se hacían todas las noches, y en secreto, las cartas de pago, los recibos y los cálculos: de manera que los negociantes, al ver siempre a Grandet al corriente en sus negocios, podían imaginar que este hombre tenía a sus órdenes alguna hada o algún demonio.

Allí, sin duda, cuando Nanón roncaba hasta hacer temblar las paredes, cuando el perro guardián velaba y bostezaba en el patio, y cuando la señora y la señorita Grandet estaban bien dormidas, iba el antiguo tonelero a mimar, acariciar, empollar y contar su oro. Las paredes eran muy gruesas y las contraventanas muy sólidas. Él sólo tenía la llave de aquel laboratorio, donde, según se decía, consultaba los planos de sus terrenos y donde calculaba el importe de sus cosechas, sin equivocarse en gran cosa. La entrada del cuarto de Eugenia está enfrente de aquella puerta tapiada, y, al extremo del descansillo, estaba la habitación de los dos esposos, que ocupaba toda la parte delantera de la casa. La señora Grandet tenía un cuarto contiguo al de Eugenia, en el que se entraba por una puerta vidriera.

El cuarto de Grandet estaba separado del de su mujer por un tabique, y del gabinete misterioso por un grueso muro. El avaro había albergado a su sobrino en el segundo piso, en la espaciosa buhardilla situada encima de su cuarto, a fin de poder oírle si le daba el capricho de pasearse por el cuarto. Cuando Eugenia y su madre llegaron al descansillo, se dieron el beso de despedida, y después de haber dado las buenas noches a Carlos con palabras frías en apariencia, pero ardientes en el corazón de la joven, las dos mujeres entraron en sus respectivos cuartos.

-Ya está usted en su habitación, sobrino mío, dijo Grandet a Carlos abriendo la puerta. Si necesita usted salir, llame a Nanón o a mí, pues de otro modo el perro le mordería sin avisarle. Buenas noches, que usted descanse. ¡Ah! ¡ah! esas mujeres le han hecho fuego, repuso al mismo tiempo que aparecía Nanón provista de un calentador. Mira esta otra, dijo el señor Grandet. ¿Cree usted que mi sobrino es una recién parida? ¡Lárguese usted de aquí con eso, Nanón!

-Señor, es que las sábanas están húmedas, y este señorito es delicado como una mujer.

-Vamos, hazlo, ya que te empeñas, dijo Grandet empujándola; pero guárdate de volver a encender el fuego, añadió el avaro marchándose refunfuñando.

Carlos quedó estupefacto en medio de sus maletas, y después de fijar sus ojos en las paredes de un cuarto cubierto de ese papel amarillo con ramos de flores que se usa en los ventorrillos, en una chimenea de piedra cuya sola presencia daba frío, en las sillas de madera amarilla, en una mesa de noche abierta de enorme tamaño y en la estera colocada al pie de una cama con pabellón, cuyos cortinajes, apolillados, temblaban como si fuesen a caer, miró seriamente a Nanón, y le dijo:

-Pero, hija mía, ¿estoy en realidad en casa del señor Grandet, del antiguo alcalde de Saumur, hermano del señor Grandet, de París?

-Sí, señorito, está usted en casa de un amable, caritativo y perfecto caballero. ¿Quiere usted que le ayude a desatar las maletas?

-¡Ya lo creo, veterano! ¿No ha servido usted en la marina de la guardia imperial?

-¡Oh! ¡oh! ¡oh! dijo Nanón, ¡qué cosas tiene usted! ¡en los marinos de la guardia imperial!

¿No hay que ir por el agua?

-Mire usted, sáqueme mi bata de casa que está en aquella maleta. Aquí tiene usted la llave.

Nanón quedó maravillada al ver una bata de casa de seda verde con flores doradas y dibujos antiguos.

-¿Ya usted a ponerse eso antes de acostarse? le preguntó.

-Sí.

-¡Virgen santa! ¡qué tela más hermosa para el altar de la parroquia!. Pero, señorito, dé usted esto a la iglesia, y salvará su alma; mientras que llevándolo, la perderá. ¡Oh! ¡qué guapo está usted con ella! Voy a llamar a la señorita para que le vea.

-Vamos, Nanón, quiere usted callar? Deje usted que me acueste. Mañana arreglaré mis asuntos, y si mi bata le gusta a usted tanto, yo le salvaré el alma. Soy demasiado buen cristiano para negársela a usted cuando me marche, y entonces podrá usted hacer de ella lo que quiera.

Nanón quedó plantada sobre sus pies contemplando a Carlos y sin poder dar fe a sus palabras.

-¡Darme esa hermosa bata! dijo al marcharse. Vaya, ese señor sueña ya. ¡Buenas noches!

-¡Buenas noches, Nanón! ¿Qué habré venido a hacer aquí? se dijo Carlos durmiéndose. Mi padre no es tonto, y este viaje debe tener algún objeto. ¡Psch! dejemos los asuntos serios para mañana, como decía no sé qué zoquete griego.

-¡Virgen santa! ¡qué guapo es mi primo! se dijo Eugenia interrumpiendo sus oraciones, que aquella noche no fueron acabadas.

La señora Grandet no tuvo pensamiento alguno al acostarse. La pobre mártir oía, por la puerta de comunicación que había en medio del tabique, al avaro que se paseaba a lo largo de su cuarto. Como todas las mujeres tímidas, ella había estudiado el carácter de su señor.

Como la gaviota prevé la tempestad, la pobre mujer había presentido, por signos imperceptibles, la tempestad interior que agitaba a Grandet, y, como ella solía decir, se hacía la muerta. Grandet contemplaba la puerta forrada interiormente de hierro que había hecho colocar en su despacho, y se decía:

-¿Qué idea le ha dado a mi hermano de legarme a su hijo? ¡Bonita herencia! Yo que no puedo dar ni veinte escudos. Pero ¿qué son veinte escudos para ese petimetre?

Pensando en las consecuencias de aquel testamento de dolor, Grandet estaba más agitado que su hermano en el momento que lo había escrito.

-¿Me regalará aquella bata de oro? se decía Nanón, que se durmió pensando por la primera vez en su vida en flores, en tapices y en damascos, como Eugenia soñó en el amor.

En la pura y monótona vida de las jóvenes, llega una hora en que el sol ilumina su alma con sus rayos, en que la flor les expresa pensamientos, en que las palpitaciones del corazón comunican al cerebro su ardiente fecundidad y originan las ideas de un vago deseo; ¡día de inocente melancolía y de suaves goces!

Cuando los niños empiezan a ver sonríen; cuando una joven entrevé el sentimiento en la naturaleza, sonríe como sonreía cuando niña. Si la luz es el primer amor de la vida, ¿no es el amor la primera luz del corazón? Para Eugenia había llegado el momento de ver claro las cosas de aquí abajo. Madrugadora como todas las jóvenes provincianas, se levantó muy temprano, hizo sus oraciones y empezó su tocado, ocupación que, en lo sucesivo, iba a tener para ella algún objeto. En primer lugar, peinó sus cabellos castaños, tejió cuidadosamente sus trenzas enrollándolas encima de su cabeza, e introdujo en su peinado una simetría que realzó el tímido candor de su rostro, armonizando la sencillez de los accesorios con la sencillez de sus facciones.

Al lavarse varias veces las manos en el agua pura que endurecía y amorataba su piel, la joven miróse sus redondos y hermosos brazos, y se preguntó cómo hacía su primo para tener las manos tan blancas y las uñas tan rosáceas. Eugenia se puso medias nuevas y sus zapatos más bonitos, y, deseando por la primera vez en su vida parecer hermosa, conoció la dicha de tener un vestido nuevo y bien hecho Y que la favoreciese. C ando su tocado hubo terminado oyó sonar el reloj de la parroquia Y se asombró de que no fuesen más que las siete.

El deseo de tener todo el tiempo necesario para vestirse bien le había hecho levantarse demasiado temprano y como ignorase el arte de manejar diez veces un rizo y de estudiar sus múltiples efectos, Eugenia se cruzó sencillamente de brazos, se sentó a la ventana y contempló el patio, el estrecho jardín y las elevadas terrazas que lo dominaban; paisaje melancólico y limitado, pero que no carecía de las misteriosas bellezas propias de los lugares solitarios o de la naturaleza inculta. Al lado de la cocina había un pozo rodeado de un brocal con polea sostenida por un brazo de hierro encorvado, al que rodeaba una parra de pámpanos marchitos a causa de la estación.

De allí, el tortuoso sarmiento ganaba la pared y, adhiriéndose a ella, corría a lo largo de la casa e iba a parar a una leñera, donde la leña estaba arreglada con tanta simetría como pueden estarlo los libros de un bibliófilo. El suelo del patio ofrecía esos tintes negruzcos que producen con el tiempo los musgos y las hierbas por falta de movimiento. Los espesos muros mostraban su camisa verde, ondeada por largas líneas obscuras. Finalmente, los ocho escalones que había en el fondo del patio y que conducían a la puerta del jardín estaban desunidos y sepultados bajo elevadas plantas como la tumba de un caballero enterrado por su viuda en tiempo de las cruzadas.

Encima de un asiento de piedras en hilera se levantaba una reja de madera podrida, que se caía ya de vieja, pero a la cual se adherían a su gusto multitud de plantas trepadoras. Por ambos lados de la puerta asomaban las tortuosas ramas de dos manzanos achaparrados. Tres paseos paralelos, enarenados y separados por cuadros cuyas tierras estaban circundadas por un cerco de madera, componían este jardín. En un extremo había frambuesos, y en el otro un inmenso nogal que llegaba con sus ramas hasta el despacho del tonelero. Un día puro y el hermoso sol del otoño, propios de las orillas del Loira, empezaba a disipar la bruma impresa por la noche a los objetos pintorescos, a los muros y a las plantas que llenaban aquel jardín y aquel patio. Eugenia encontró encantos completamente nuevos contemplando aquellas cosas que tan ordinarias le parecían antes.

Mil pensamientos confusos nacían. en su alma, y crecían a medida que iba creciendo el poder de los rayos del sol. Por fin, sintió ese vago e inexplicable placer que envuelve al ser moral como una nube envuelve al ser físico. Sus reflexiones estaban de acuerdo con los detalles de este singular paisaje, y las armonías de su corazón se aliaron con las armonías de la naturaleza. Cuando el sol dio de lleno en el muro, de donde brotaban hermosas plantas de hojas espesas y de colores matizados como la pechuga de las palomas, celestiales rayos de esperanza iluminaron el porvenir de Eugenia, la cual se complació en lo sucesivo en contemplar aquel muro, sus pálidas flores, sus campanillas azules y sus secas hierbas, a las cuales se unió un recuerdo gracioso como los de la infancia.

El ruido que cada hoja producía en aquel sonoro patio al desprenderse de su rama daba una respuesta a las santas interrogaciones de la joven, que hubiera permanecido allí todo el día sin apercibirse de que las horas corrían. Después, empezó a sentir los tumultuosos impulsos del alma; y levantándose varias veces, se puso ante el espejo y contempló allí su rostro como el autor que contempla de buena fe su obra para criticarla y decirse injurias a sí propio.

«Yo no soy bastante hermosa para él». Tal era el pensamiento de Eugenia, pensamiento humilde y fértil en sentimientos. La pobre joven no se hacía justicia; pero la modestia, o mejor dicho, el temor, es un, de las primeras virtudes del amor. Eugenia pertenecía a ese tipo del niñas fuertemente constituidas, como lo son la generalidad de clase media, y cuya belleza parece vulgar; pero si no se parecía a la Venus de Milo, sus formas estaban ennoblecidas por esa suavidad del sentimiento cristiano que purifica a la mujer y le comunica una distinción que desconocían los escultores antiguos.

Eugenia tenía una cabeza enorme, la frente masculina, pero delicada, del Júpiter de Fidias, y ojos grises a los que su casta vida imprimía un radiante brillo. Las facciones de su cara redonda, fresca y rosácea en otro tiempo, habían sido alteradas por la viruela, que se mostró lo bastante clemente para no dejar sus marca, pero que había destruido la lozanía de la piel, que era, sin embargo, bastante fina aun para que el beso de su madre se percibiese mediante una ligera marca roja. Su nariz era poco fina, pero estaba en armonía con una boca de un color rojo minio, cuyos labios, con mil rayas, estaban llenos de amor y de bondad. Su cuello tenia una perfecta redondez.

Su talle y pecho, bombeado y cuidadosamente velado, atraía las miradas y hacía soñar; carecía sin duda de gracia a causa de la falta de artificio en el vestir; pero, para los conocedores, la falta de flexibilidad de aquel elevado talle debía ser un encanto. Eugenia, alta y robusta, no tenía nada de lo bonito que agrada a la generalidad; pero era hermosa con esa belleza tan fácil de reconocer y que enamora únicamente a los artistas.

El pintor que busca aquí abajo un tipo de la celestial pureza de María, y que exige a toda la naturaleza femenina esos ojos modestamente altivos adivinados por Rafael, y esas líneas vírgenes debidas, las más de las veces, a la casualidad de la concepción, pero que sólo se pueden adquirir y conservar mediante una vida cristiana y púdica; ese pintor, enamorado de tan raro modelo, hubiera encontrado de pronto en el rostro de Eugenia la pureza innata que se ignora, hubiese visto en su frente tranquila un mundo de amor, y en las pupilas de sus ojos y en los pliegues de sus párpados, ese no sé qué divino. Sus facciones y los contornos de su cabeza, que no habían sido alterados nunca por el placer, se parecían a las líneas del horizonte que tan suavemente se destacan al otro lado de los lagos tranquilos.

Aquella fisonomía tranquila y llena de colorido y de luz como una flor que acaba de brotar, extasiaba el alma, comunicaba el encanto de la conciencia que se reflejaba en ella y exigía una mirada. Eugenia estaba aún en la época de la vida en que florecen las ilusiones infantiles y en que se cogen las margaritas que sólo más tarde se conoce; así que se decía mirándose al espejo sin saber aún lo que era amor: «Soy demasiado fea, no hará caso de mí».

Después abrió la puerta de su cuarto que daba a la escalera, y asomó la cabeza para oír los ruidos de la casa.

-Aun no se levanta, pensó al oír la tos matutina de Nanón y el ruido que la buena muchacha hacía yendo y viniendo, barriendo la sala encendiendo el fuego, atando el perro y hablando con el ganado en la cuadra.

Inmediatamente, Eugenia bajó y corrió al lado de Nanón, que ordeñaba la Vaca para decirle.

-Nanón, mi buena Nanón, haz crema para el café de mi primo.

-Pero, señorita, para hacer crema hoy, seria preciso tener leche de ayer, dijo Nanón soltando una carcajada. Hoy ya no es posible hacerla. Su primo es lindo, lindo, lindo de veras. Usted no lo vio ayer en su cuarto Con una bata de seda y oro. Yo si que le he visto. Trae ropa tan fina como la sobrepelliz del señor cura.

-Pues entonces haznos torta Nanón.

-Y ¿quién me dará leña para el horno, harina y manteca? dijo Nanón que, en su calidad de primer ministro de Grandet, tenía a veces una importancia enorme a los ojos de Eugenia y de su madre. ¿He de robar al señor para festejar a su primo? Pídale usted manteca harina y leña a su padre, que acaso ya se la dé. Mire usted, ya baja para darme las provisiones...

Eugenia se escapó asustada al jardín al oír temblar la escalera bajo el peso de su padre, pues experimentaba ya los efectos de ese profundo pudor y de esa conciencia propia de nuestra dicha, que nos hace creer, no sin razón tal vez, que nuestros pensamientos están grabados en nuestra frente y que saltan a los ojos de todo el mundo.

Al apercibirse al fin de la fría desnudez de la casa paterna, la pobre joven sentía una especie de despecho al ver que no podía ponerla en armonía con la elegancia de su primo, y sintió un vivo deseo de hacer algo por él: ¿qué? ella misma no lo sabía. Sencilla y sincera, Eugenia se dejaba llevar de su naturaleza angelical, sin desconfiar de sus impresiones ni de sus sentimientos.

La sola presencia de su primo había despertado en ella las inclinaciones naturales de la mujer, y éstas debieron desplegarse con tanta más fuerza cuanto que, frisando ya en su vigesimotercio año, Eugenia gozaba de la plenitud de su inteligencia y de sus deseos.

Por primera vez en su vida, la joven sintió terror al percibir a su padre, vio en él al dueño de su porvenir y se creyó culpable de una falta ocultándole algunos de sus pensamientos. Eugenia se puso a andar con paso precipitado, asombrándose de respirar un aire mas puro, de sentir los rayos del sol más vivificantes y de parecer gozar de una vida nueva. Mientras que buscaba alguna disculpa para obtener la torta, entre la gran Nanón y Grandet se originaba una disputa, tan rara entre ellos como las golondrinas en invierno. Armado de sus llaves, el buen hombre había bajado para medir los víveres necesarios para el consumo del día.

-¿Queda pan de ayer? le preguntó a Nanón.

-Ni una miga, señor.

Grandet tomó un gran pan redondo y bien enharinado e iba a cortarlo cuando Nanón le dijo:

-Hoy somos cinco, señor.

-Es verdad, respondió Grandet, pero tu pan pesa seis libras y te sobrará algo. Por otra parte, ya verás qué poco pan comen esos jóvenes de Paris.

-Pero comerá bodrio, dijo Nanón.

En Anjou, bodrio es el acompañamiento del pan, desde la manteca extendida sobre éste, que es el bodrio más vulgar, hasta el dulce de albérchigo, que es el bodrio más distinguido; y todos los que en su infancia lamieron el bodrio y dejaron el pan, comprenderán la importancia de esta locución.

-No, respondió Grandet, esa gente no come ni bodrio ni pan. Son casi como damiselas.

Por fin, después de haber cortado mezquinamente la ración cotidiana, el avaro iba a encaminarse al cuarto de las frutas y a cerrar su despensa, cuando Nanón le detuvo para decirle:

-Señor, entonces deme usted harina y manteca, y haré una torta para los muchachos.

-¿Quieres tirar la casa por la ventana porque ha venido mi sobrino?

-En est momento pensaba tanto en su sobrino como en el perro. Pero ¿no ve usted que me ha dado seis terrones de azúcar? necesito ocho.

-¡Caramba! Nanón, nunca te he visto como hoy. ¿Qué te pasa? ¿Eres acaso la dueña? No te daré más que seis terrones de azúcar.

-Y ¿con qué tomará su sobrino el café?

-Con dos terrones, yo me pasaré sin ellos. -Privarse usted del azúcar a su edad? Preferiría comprarla de mi bolsillo.

-Bueno, tú métete en lo que te importe.

A pesar de su bajo precio, el azúcar seguía siendo para el tonelero el más caro de los productos coloniales, y para él seguía estando a seis francos la libra. La obligación de ahorrarla en que se había visto la gente en tiempo del Imperio se había convertido en el más indeleble de sus hábitos. Todas las mujeres, hasta las más estúpidas, saben usar de la astucia para conseguir sus fines; así es que Nanón abandonó la cuestión del azúcar para obtener la torta.

-Señorita, gritó desde la ventana, ¿no quiere usted torta?

-No, no, respondió Eugenia.

-Vamos, Nanón, dijo Grandet al oír la voz de su hija, toma.

Y esto diciendo, abrió la masera en que estaba la harina, le dio una medida y añadió algunas onzas de manteca al pedazo que le había cortado ya.

-Necesitaré leña para calentar el horno, dijo la implacable Nanón.

-Está bien, coge la que necesites, respondió el avaro melancólicamente: pero entonces, haznos una empanada y aprovecha el horno para hacer el resto de la comida, y de ese modo no tendrás que hacer dos fuegos.

-¡Mecachis! ¡no necesita usted decírmelo! exclamó Nanón.

Grandet dirigió a su fiel ministro una mirada casi paternal.

-Señorita, gritó la cocinera, tendremos torta. El padre Grandet se presentó cargado de frutas, y colocó un plato lleno de ellas sobre la mesa de la cocina.

-Vea usted, señor, le dijo Nanón, qué botas más bonitas tiene su sobrino. ¡Qué cuero más bonito y qué bien huele! ¿Con qué se limpiará esto? ¿Tendré que emplear su pasta de huevo?

-Nanón, creo que el huevo estropearía ese cuero. Además, puedes decirle que tú no sabes cómo se lustra el marroquí... sí, es marroquí, y así él mismo comprará en Saumur lo que necesite para lustrar sus botas. He oído decir que se pone azúcar en la pasta para que saque brillo.

-¡Entonces es bueno de comer! dijo la criada llevándoselas a la nariz. ¡Mecachis! ¡mecachis! ¡huele al agua de colonia de la señora! ¡Ah! es extraño!

-¿Extraño? dijo el amo. ¿Sólo te parece extraño poner en las botas más dinero de lo que vale el que las lleva?

-Señor, ¿y no pondrá usted puchero dos veces a la semana ahora que está aquí su sobrino?

-Sí.

-Tendré que ir a la carnicería.

-No, no hay necesidad; harás el caldo con aves que ya te proporcionarán mis inquilinos Yo voy a decir a Cornoiller que mate algunos cuervos. Esa caza hace el mejor caldo del mundo.

-Y ¿es verdad, señor, que se comen los muertos?

-¡Qué estúpida eres, Nanón! comen lo que encuentran, como todo el mundo. ¿No vivimos nosotros también de muertos? Pues ¿qué son las herencias?

El padre Grandet, como no tuviese ya que dar más órdenes, sacó su reloj, y, al ver que podía disponer de media hora antes de almorzar, tomó el sombrero, fue a besar a su hija, y le dijo:

-¿Quieres venir a pasearte a orillas del Loira por mis praderas? Tengo que ir allá.

Eugenia fue a ponerse su sombrero de paja forrado de tafetán color rosa, y padre e hija bajaron por la tortuosa calle hasta la plaza.

-¿Adónde va usted tan de mañana? dijo el notario Cruchot encontrándose con Grandet.

-Voy a arreglar un asunto, respondió el avaro, que no se engañó acerca del objeto del paseo matutino de su amigo.

Cuando el padre Grandet iba a arreglar algún asunto, el notario sabía por experiencia que podría ganar algo yendo con él; así es que lo acompañó.

-Venga usted, Cruchot, dijo Grandet al notario. Usted es amigo mío y voy a demostrarle que es una tontería plantar álamos en buenas tierras.

-¡Cómo! y ¿no cuenta los sesenta mil francos que percibió usted por los que plantó en sus praderas del Loira? dijo maese Cruchot abriendo los ojos con asombro. ¡Qué suerte tuvo usted!... Cortar sus árboles en el momento en que faltaba madera blanca en Nantes, y venderlos a treinta francos.

Eugenia escuchaba sin saber que se acercaba el momento más solemne de su vida, y que el notario iba a hacer que su padre pronunciase acerca de ella una sentencia soberana. Grandet había llegado a las magníficas praderas que poseía a orillas del Loira, donde treinta obreros se ocupaban en limpiar, llenar y nivelar los lugares ocupados antes por los álamos.

-Señor Cruchot, vea usted el terreno que ocupa un álamo, dijo Grandet al notario. Juan, le gritó a un obrero, mi... mi... mide con la toesa en to... to... to... todos los sentidos.

-Cuatro veces ocho pies, respondió el obrero después de haber medido.

-Treinta y dos pies de pérdida, dijo Grandet a Cruchot. Yo tenía en esta línea cien álamos, ¿verdad? A... a... a... ahora bien, tres... trescien... cien... cientas ve... ve... veces treinta y... y... y dos pies me co... co... co... comían qui... qui... quinientos ha... ha... haces de heno; añada usted dos ve... ve... veces más de... de... de los lados y son mil qui... qui... quinientos haces.

-Pues bien, dijo Cruchot para ayudar a su amigo, mil haces de heno valen unos seiscientos francos.

-Que... que... querrá usted de... de... decir mil... mil dos... dos... doscientos con... con... contando los tres o... o... o cuatrocientos... cientos de ganancia. A... a... ahora bien, cal... cal... cal... calcule usted lo que... que... que dan mil dos... dos... doscientos francos al año du... du... rante cuarenta a... a... a...

ños con... con los in... in... in... tereses com... com... com... puestos que... que usted sa... sa... sa... be...

-Son sesenta mil francos, dijo el notario.

-¡Ya lo creo! So... so... la... la... mente eso, sesenta mil francos. Pues bien, repuso el viñero sin tartamudear, dos mil álamos en cuarenta años no dan más que cuarenta mil francos. Hay pérdida. ¡Ya me parecía a mí! dijo Grandet hablando de una manera irritada. Juan, repuso, llena todos los agujeros, excepto los de la orilla del Loira, donde plantarás los álamos que compré. Poniéndolos en la orilla, se alimentarán a expensas del gobierno, añadió volviéndose hacia Cruchot e imprimiendo al lobanillo de su nariz un movimiento que equivalía a la sonrisa más irónica.

-¡Es claro! los álamos no deben plantarse más que en terrenos estériles, dijo Cruchot estupefacto al oír los cálculos de Grandet.

-Sí... sí se... se... ñor, respondió irónicamente el tonelero, Eugenia, que contemplaba el sublime paisaje del Loira sin escuchar los cálculos de su padre, no tardó en prestar atención a las palabras de Cruchot al oír que éste le decía a su padre:

-Vaya, ya ha traído usted el yerno de París. En todo Saumur no se habla más que de su sobrino. ¿Me tocará extender pronto sus contratos, padre Grandet?

-¿Ha... ha... ha sa... sa... lido usted tem... tem... tem... prano de... de ca... ca... ca... sa pa... pa... ra de... de... decirme eso? repuso Grandet acompañando esta reflexión de un movimiento de lobanillo. Pues bien, a... a... a... migo mío, le... le... le se... se... se... ré a usted fran... fran... co y le diré lo... lo... lo que usted de... de... de... sea sa... sa... ber. Pre... pre... pre... feriría a... a... a... arrojar a... a... a mi... mi hija al Lo... Loira... que dár... dár... dár... se... la a su pri... pri... pri. mo; ya pue... pue... pue... de usted de... de... de... cirlo a to... to... to... do el mu ndo. Pero no, de... de... de... je usted a... a... a... la gen... gen... te que... que... que hable.

Esta respuesta causó una gran pena a Eugenia. Las lejanas esperanzas que empezaban a despuntar en su corazón florecieron de pronto, se realizaron y formaron un haz de flores que no tardó en ver cortadas y marchitas.

Desde la víspera pensaba en Carlos, soñando con él esa dicha que une las almas; y en lo sucesivo, el sufrimiento iba a corroborar aquella dicha. ¿No es propio del modo de ser de la mujer el conmoverse más ante las pompas de la miseria que ante los esplendores de la fortuna? ¿De qué crimen era culpable Carlos? ¡Cuestiones misteriosas! Su amor naciente, que es un misterio tan profundo, empezaba a rodearse ya de misterios.

Agitada por convulsivo temblor, la joven llegó a su sombría calle, que tan alegre le pareció un momento antes, y la encontró triste, respirando en ella la melancolía que el tiempo y las cosas habían impreso en aquel paraje. A algunos pasos de la casa, Eugenia se anticipó a su padre y le esperó en la puerta después de haber llamado. Pero Grandet, que veía en la mano del notario un periódico cerrado aún, le dijo:

-¿Cómo están los fondos?

-Grandet, usted no quiere hacerme caso, le respondió Cruchot. Compre usted pronto, que aun se puede ganar un veinte por ciento en dos años, además de los intereses. Se pueden adquirir cinco mil francos de renta por ochenta mil francos. Los fondos están a ochenta francos cincuenta.

-Ya veremos eso, respondió Grandet frotándose la barba.

-¡Dios mío! dijo el notario que acababa de leer el periódico.

-¿Qué hay? exclamó Grandet en el momento en que Cruchot le metía el periódico por los ojos diciéndole: «¡Lea usted este artículo!»

«El señor Grandet, que era uno de los negociantes más estimados de París, se levantó ayer la tapa de los sesos, después de haber hecho su acostumbrada aparición en la Bolsa. Antes envió su dimisión al presidente de la Cámara de diputados, y dimitió, asimismo, su cargo de juez del tribunal de comercio.

Las quiebras de su agente de Bolsa y de su notario, los señores Roguín y Souchet, le arruinaron. La consideración de que gozaba el señor Grandet y su crédito eran tales, que sin duda hubiese encontrado apoyo en la plaza de París. Es de lamentar que este hombre honrado se haya dejado llevar de su primer momento de desesperación, etc.»

-Ya lo sabia, dijo el anciano viñero al notario.

Estas palabras helaron de espanto al señor Cruchot, el cual, a pesar de su impasibilidad de notario, sintió frío en la espalda al pensar que el Grandet de París había implorado en vano, sin duda, los millones del Grandet de Saumur.

-¡Y su hijo que estaba tan contento ayer!

-Aun no sabe nada, respondió Grandet con la misma calma.

-Adiós, señor Grandet, dijo Cruchot, que lo comprendió todo y marchó a tranquilizar al Presidente Bonfons.

Al volver a su casa, Grandet encontró el almuerzo dispuesto. La señora Grandet, a cuyo cuello saltó Eugenia para abrazarla con esa viva efusión del corazón que nos causa un pesar secreto, estaba ya sentada en su silla y hacia mitones para el invierno.

-Ya pueden ustedes almorzar, dijo Nanón bajando las escaleras de cuatro en cuatro. El señorito duerme como un querubín. ¡Qué guapo está con los ojos cerrados! He entrado y le he llamado; pero como si no.

-¡Déjale dormir! dijo Grandet. Siempre se despertará bastante temprano para recibir malas noticias.

-Pues ¿qué ocurre? preguntó Eugenia echando al café sus dos terrones de azúcar, que pesaban no sé cuántos gramos y que su padre se entretenía en cortar en sus ratos de ocio.

La señora Grandet, que no se había atrevido a hacer esta pregunta, miró a su marido.

-Su padre se ha levantado la tapa de los sesos.

-¡Mi tío! dijo Eugenia.

-¡Pobre Joven! exclamó la señora Grandet.

-Sí, y tan pobre, que no posee ni un céntimo, repuso Grandet.

-Pues él duerme como si fuera el rey de la tierra, dijo Nanón con triste acento.

Eugenia cesó de comer. Su corazón se oprimió como se oprime el corazón de una mujer cuando la compasión, excitada por la desgracia de aquel a quien ama, se apodera por completo de su alma. La joven lloró.

-Si no conoces a tu tío, ¿por qué lloras? le dijo su padre dirigiéndole una de aquellas miradas de tigre furioso que debía dirigir, sin duda, a sus montones de oro.

-Pero, señor, dijo la criada, ¿quién no ha de sentir piedad por ese joven que duerme como un tronco ignorando su suerte?

-Nanón, ahora no te hablo a ti, ¡cállate!

En aquel momento Eugenia aprendió que la mujer que ama debe disimular siempre sus sentimientos, y no respondió.

-Señora Grandet, espero que hasta mi vuelta no le diréis nada, dijo el anciano continuando. Tengo que ir a ver mis praderas, volveré al mediodía para el segundo almuerzo, y entonces hablaré con mi sobrino de sus asuntos. Respecto a ti, señorita Eugenia, si es por ese petimetre por quien lloras, te advierto que no quiero ver más que te interesas por él, pues partirá a toda prisa para las Indias, y no lo verás más.

El padre tomó los guantes del ala de su sombrero, se los puso con su acostumbrada calma y salió.

-¡Ah! ¡mamá, me ahogo! exclamó Eugenia cuando estuvo sola con su madre, ¡jamás he sufrido de este modo!

La señora Grandet, al ver que su hija palidecía, abrió la ventana y la hizo respirar el aire libre.

-Ya estoy mejor, dijo Eugenia después de un momento.,

Esta emoción nerviosa en una naturaleza tan tranquila Y fría hasta entonces en apariencia, llamó la atención de la señora Grandet la cual miró a su hija con esa intuición simpática de que están dotadas las madres para el objeto de su ternura, y lo adivinó todo.

A decir verdad, la vida de las célebres hermanas húngaras, pegadas una a otra por un error de la naturaleza, no fue más íntima que la de Eugenia y la de su madre, las cuales estaban siempre juntas en el alféizar de aquella ventana, juntas en la iglesia y respirando siempre la misma atmósfera.

-¡Pobre hija mía! dijo la señora Grandet tomando por la cabeza a su hija para apoyarla contra su seno.

Al oír estas palabras, la joven levantó la cara, interrogó a la madre con una mirada, escudriñó sus más secretos pensamientos, y le dijo:

-¿Por qué mandarlo a las Indias? Si es desgraciado, ¿no debe quedarse aquí? ¿No es nuestro pariente más próximo?

-Sí, hija mía, eso sería muy natural: pero tu padre tiene sus razones, y nosotros debemos respetarlas.

La madre y la hija quedaron silenciosas, se sentaron, la una en su silla y la otra en su sofá y reanudaron su trabajo. Llena de agradecimiento al ver la admirable armonía que existía entre su corazón y el de su madre, Eugenia le besó la mano, diciéndole:

-¡Qué buena eres, mamá querida!

Estas palabras hicieron resplandecer de alegría aquel rostro maternal, marchito por tantos dolores.

-¿No te agrada a ti también? le preguntó Eugenia.

La señora Grandet respondió con una sonrisa, y, después de un momento de silencio, le dijo en voz baja:

-¿Le amas ya acaso? harías mal.

-¿Mal? repuso Eugenia, y ¿por qué? Te agrada a ti, le agrada a Nanón, y ¿por qué no me había de agradar a mí? Mira, mamá, pongamos la mesa para su almuerzo.

Y esto diciendo, dejó su labor, y la madre hizo otro tanto, exclamando:

-¡Estás loca!

Pero se complació en justificar la locura de su hija participando de ella.

Eugenia llamó a Nanón.

-¿Qué desea usted, señorita?

-Tendremos crema para el mediodía, Nanón?

-¡Ah! para el mediodía sí, respondió la anciana criada.

-Pues bien, hazle el café bien cargado, pues yo he oído decir a los señores de Grassins que en París se toma el café muy cargado. Ponle mucho.

-Y ¿dónde quiere usted que lo busque?

-¿Y si el señor me encuentra?

-No, ha ido a los prados.

-Pues voy a escape. Pero el señor Fessard, al darme ayer la bujía, me preguntó si teníamos en casa a los tres reyes magos. Toda la villa va a hablar de nuestros despilfarros.

-Si tu padre llega a notar algo, es capaz de pegarnos, dijo la señora Grandet.

-Pues bien, si nos pega, recibiremos sus golpes de rodillas.

La señora Grandet levantó los ojos al cielo al oír esta respuesta. Nanón tomó su cofia y salió. Eugenia puso un mantel limpio en la mesa, se fue a buscar algunos racimos que se había divertido en colgar del techo del granero, recorrió de puntillas el pasillo para no despertar a su primo, y no pudo resistir al deseo de escuchar a su puerta la respiración rítmica que se escapaba del pecho de Carlos.

-Hoy la desgracia vela su sueño, se dijo Eugenia.

Después la joven tomó las hojas más verdes de la parra, arregló su racimo con tanto arte como pudiera haberlo hecho el mejor repostero, lo llevó triunfalmente a la mesa e hizo otro tanto con las peras contadas por su padre, disponiéndolas en forma de pirámide.
Eugenia iba Y venía, trotaba y saltaba, Y hubiera querido desvalijar la casa de su padre; pero no tenía las llaves. Nanón volvió con dos huevos frescos y Eugenia, al verlos, sintió deseos de saltarle al cuello para abrazarla.

-El inquilino de la Landa los tenía en su gallinero, y, al pedírselos, me los ha dado para estar bien conmigo.

Después de dos horas de cuidados, durante las cuales Eugenia dejó veinte veces la labor para ir a ver como hervía el café y para escuchar el ruido que hacía su primo al levantarse, la joven logró prepararle un almuerzo sencillo y poco costoso, pero que derogaba terriblemente las inveterada costumbres de la casa. El almuerzo del mediodía se hacía en aquel hogar de pie. Cada cual tomaba un poco de pan, una fruta o manteca, y bebía un vaso de vino. Al ver la mesa colocada al lado del fuego y uno de los sofás puesto delante del cubierto de su primo, y al contemplar los dos platos de frutas, la huevera, la botella de vino blanco, el pan y el azúcar colocado en un platillo, Eugenia tembló pensando únicamente en las miradas que le dirigiría su padre si llegaba a entrar en aquel momento; así es que la joven miraba con frecuencia el reloj a fin de calcular si su primo podría almorzar antes de que volviese el avaro.

-No tengas cuidado, Eugenia, si viene tu padre, le diré que todo eso es cosa mía.

Eugenia no pudo contener una lágrima.

-¡Oh! mamá, ¡qué buena eres! exclamó Eugenia. Ahora veo que no te he querido todo lo que debía.

Carlos, después de haber dado mil vueltas por su cuarto tarareando mil canciones, bajó. Por fortuna, no eran más que las once. El parisiense se había vestido con tanto cuidado como si se encontrase en el castillo de la noble dama que viajaba por Escocia, y entró con ese aire afable y risueño que tan bien sienta a la juventud y que causó un triste goce a Eugenia. Carlos había tomado a broma el desastre de los castillos de su tío, y saludó muy alegremente a sus parientas, diciéndoles:

-¿Ha pasado usted bien la noche, querida tía? ¿y usted, prima mía?

-Muy bien, ¿y usted, señor? dijo la señora Grandet.

-Yo, perfectamente.

-Primo, debe usted tener hambre, dijo Eugenia, siéntese usted a la mesa.

-¡Pero si no almuerzo nunca hasta el mediodía, que es la hora en que me levanto! Sin embargo, me trataron tan mal por el camino, que tomaré algo. Por otra parte...

Y sacó el reloj más delicioso que Breguet había hecho en su vida.

-¡Toma! ¡si son las once! hoy he estado madrugador.

-¡Madrugador! dijo la señora Grandet.

-Si, pero es que quería arreglar mis cosas. Bueno, comeré con mucho gusto cualquier cosa, una insignificancia, un pollo, un perdigón.

-¡Virgen santa! gritó Nanón al oír estas palabras.

-¡Un perdigón! se decía Eugenia, que hubiera querido pagarlo con todo su peculio.

-Venga usted a sentarse, le dijo su tía.

El petimetre se dejó caer sobre el sofá como una mujer hermosa en su diván. Eugenia y su madre tomaron sillas y se colocaron a su lado delante del fuego.

-¿Viven ustedes siempre aquí? dijo Carlos, encontrando la sala más fea aún a la luz del día que a la luz de las velas de sebo.

-Siempre, respondió Eugenia mirándole, excepto en la época de las vendimias, en que vamos a ayudar a Nanón y nos albergamos en la abadía de Noyers.

-Y ¿no se pasean ustedes nunca?

-Algunas veces, los domingos, después de las vísperas, cuando hace buen tiempo, vamos hasta el puente o a ver los henos en tiempo de la siega, contestó la señora Grandet.

-Y ¿no hay aquí teatro?

-¡Ir al teatro a ver comediantes! exclamó la señora Grandet. Pero, señor, ¿no sabe usted que eso es un pecado mortal?

-Tenga usted, señorito, dijo Nanón sirviéndole los huevos, le daremos a usted los pollos pasados por agua.

-¡Ah! ¿huevos frescos? dijo Carlos, que, como todas las gentes acostumbradas al lujo, no pensaba ya en el perdigón. ¡Magnifico! Si tuviera usted un poco de manteca, querida mía...

-¡Ah! ¡manteca! entonces se quedará usted sin torta, dijo la criada.

-Vamos, dale manteca, Nanón, exclamó Eugenia.

La joven contemplaba a su primo cortando el pan y experimentaba tan gran placer como el que siente la modista más sensible de París viendo representar un melodrama en que triunfa la inocencia; bien es verdad que Carlos, educado por una madre elegante y perfeccionado por una mujer distinguida, tenía movimientos coquetones y delicados como una damisela.

La piedad y la ternura de una joven poseen una influencia verdaderamente magnética; así es que Carlos, al ver que era objeto de las atenciones de su prima y de su tía, no pudo sustraerse a la influencia de los sentimientos que se dirigían hacia él y le inundaban, por decirlo así, y dirigió a Eugenia una de esas miradas llenas de bondad y de caricias que parecen una sonrisa.

Contemplando a Eugenia, llamóle la atención la exquisita armonía de las facciones de aquel rostro puro, su inocente actitud y la limpidez mágica de los ojos, donde se reflejaban nacientes pensamientos de amor y deseo, sin mezcla de voluptuosidad.

-En verdad, prima querida, que si estuviese usted en un palco de la ópera, vestida con elegancia, le garantizo que mí tía tendría razón, pues haría usted cometer muchos pecados de deseo a los hombres y de envidia a las mujeres.

Este cumplido, aunque no hubiese sido completamente comprendido por Eugenia, hizo palpitar su corazón de alegría.

-¡Oh! primo mío, usted quiere burlarse de una pobre provinciana.

-Si me conociese usted, sabría que aborrezco las burlas, porque entiendo que hieren todos los sentimientos.

Y esto diciendo, se zampó agradablemente su tostada de manteca.

-No, yo tengo poca gracia para burlarme de los demás, y este defecto me hace mucho daño. En París hay quien asesina a un hombre, diciéndole: «¡Tiene muy buen corazón!» pues esta frase quiere decir: «El pobre muchacho es estúpido como un rinoceronte». Pero como soy rico y todo el mundo sabe que derribo un muñeco a treinta pasos con toda clase de pistolas y al aire libre, los burlones me respetan.

-Sobrino mío, lo que usted dice demuestra que tiene buen corazón.

-¡Qué anillo más bonito tiene usted! exclamó Eugenia. ¿Tiene inconveniente en enseñármelo?

Carlos se quitó el anillo, extendió el brazo, y Eugenia se puso roja como la grana al rozar con la punta de los dedos las rosadas uñas de su primo.

-Mamá, ¡mire usted qué trabajo más hermoso!

-¡Oh! ¡y tiene mucho oro! dijo Nanón trayendo el café.

-¿Qué es eso? preguntó Carlos riéndose y señalando un puchero oblongo, de tierra negra barnizada, con baño interior de porcelana, rodeado de una franja de ceniza y en cuyo fondo caía el café volviendo a la superficie del agua hirviendo.

-Es café hervido, dijo Nanón.

-¡Ah! querida tía, espero que al menos podré dejar alguna huella bienhechora de mi paso por aquí ¡Viven ustedes muy atrasados! Yo les enseñaré a ustedes a hacer buen café en una cafetera del sistema Chaptal.

E intentó explicarles la manera de manejar esta cafetera.

-¡Ah! vaya, si cuesta tanto trabajo, dijo Nanón, tendría que pasar la vida haciendo café. ¡Mecachis! ¿quién daría hierba a las vacas mientras yo hiciese café?

-Yo, dijo Eugenia.

-Niña, dijo la señora Grandet mirando a su hija.

Al oír estas palabras, que recordaban la pena que no tardaría en agobiar a aquel desgraciado joven, las tres mujeres se callaron y le contemplaron con un aire de conmiseración que chocó a Carlos.

-¿Qué tiene usted, prima mía?

-¡Silencio! dijo la señora Grandet a su hija cuando ésta iba a responder. Ya sabes, hija mía, que tu padre se ha encargado de hablar a este señor...

-Carlos, dijo el joven Grandet.

-¡Ah! ¿se llama usted Carlos? ¡qué nombre más bonito! dijo Eugenia.

Las desgracias presentidas ocurren casi siempre. En este momento, Nanón, la señora Grandet y Eugenia, que no pensaban sin temblar en la vuelta del antiguo tonelero, oyeron un aldabonazo que les era muy conocido.

-¡Ahí está papá! dijo Eugenia.

Y quitó el platillo del azúcar dejando algunos trozos sobre el mantel. N anón se llevó la huevera, la señora Grandet se irguió como una corza asustada, en una palabra, hubo allí un pánico del que Carlos se asombró sin poder explicárselo.

-Pero ¿qué tienen ustedes? les preguntó el joven.

-Que está ahí papá, dijo Eugenia.

-Y ¿qué?...

El señor Grandet entró, fijó sus. penetrantes ojos en la mesa y en Carlos, lo vio todo, y dijo sin tartamudear:

-¡Ah! ¿ha agasajado usted a su sobrino? ¡Está bien, muy bien, admirablemente! dijo sin tartamudear. Cuando los gatos corren por los tejados, los ratones danzan por las tarimas.

-¡Agasajado! pensó Carlos incapaz de sospechar el régimen y las costumbres de aquella casa.

-Tráeme la manteca, Nanón, dijo el viejo avaro.

Eugenia le trajo la manteca, y Grandet sacó del bolsillo una navaja, cortó una rebanada de pan, tomó un poco de manteca, la extendió cuidadosamente sobre la rebanada, y se puso a comer de pie. En este momento, Carlos ponía azúcar a su café. El padre Grandet vio los terrones de azúcar, examinó a su mujer, que palideció, y aproximándose al oído de la pobre anciana, le dijo:

-¿De dónde habéis sacado ese azúcar?

-Como no había, Nanón ha ido a buscarla a casa de Fessard.

Es imposible figurarse el profundo interés que esta escena muda tenía para las tres mujeres. Nanón había dejado la cocina y miraba por la puerta de la sala para ver en qué pararía aquello. Carlos, que había probado el café, lo encontró demasiado amargo y buscó el platillo que Grandet se había apresurado a coger.

-¿Qué quiere usted, sobrino? le dijo el buen hombre.

-El azúcar.

-Ponga usted más leche al café, y así se endulzará, respondió el dueño de la casa.

Eugenia tomó el platillo del azúcar que Grandet se disponía a guardar y lo puso sobre la mesa, contemplando a su padre tranquilamente. La parisiense que, para facilitar la fuga de su amante, sostiene con sus débiles brazos una escala de seda, no demuestra ciertamente más valor del que demostró Eugenia colocando el azúcar sobre la mesa.

El amante recompensará a su parisiense que le mostrará orgullosamente un hermoso brazo acardenalado, cada una de cuyas venas será bañada de lágrimas y curada con besos y con placer; mientras que Carlos no debía conocer nunca el secreto de las profundas agitaciones que destrozaban el corazón de su prima, anonadada a la sazón bajo el peso de la mirada del antiguo tonelero.

-Y ¿tú no comes, mujer? dijo Grandet a su esposa.

La pobre ilota dio algunos pasos hacia la mesa, cortó piadosamente un pedazo de pan y tomó una pera. Eugenia ofreció audazmente a su padre sus uvas, diciéndole:

-¡Pruébalas, papá! Usted también comerá, ¿verdad, primo? He ido a buscarlas al desván nada más que por usted.

-¡Oh! si las dejasen, saquearían Saumur por usted, sobrino mío. Cuando haya usted acabado, iremos juntos al jardín, pues tengo que decirle cosas amargas.

Eugenia y su madre dirigieron a Carlos una mirada cuyo significado comprendió perfectamente el joven.

-¿Qué significan esas palabras, tío mío? Desde la muerte de mi pobre madre... (y al decir esto, su voz se enterneció) ya no hay desgracia posible para mí.

-Sobrino mío, ¿quién es capaz de conocer las aflicciones con que Dios nos pone a prueba? le dijo su tía.

-Ta, ta, ta, dijo Grandet, ya empiezan las tonterías. Sobrino, yo veo con pena sus hermosas y blancas manos, añadió mostrándole las callosas y velludas manos que pendían de sus brazos. Aquí tiene usted manos hechas para amontonar escudos. Usted está acostumbrado a calzarse botas hechas con la piel con que se fabrican las carteras en que nosotros guardamos nuestras letras comerciales. ¡Malo, malo! ¡muy malo!

-¿Qué quiere usted decir, tío? ¡Que me cuelguen si comprendo una palabra!

-Venga usted, dijo Grandet.

El avaro cerró su navaja, bebió el resto de su vino blanco y abrió la puerta.

-Primo mío, ¡valor!

El acento de la joven heló a Carlos, el cual siguió a su terrible tío en medio de mortales inquietudes. Eugenia, su madre y Nanón se fueron a la cocina movidas por la invencible curiosidad de espiar a los dos actores de la escena que iba a desarrollarse en el húmedo jardinito, donde el tío dio algunos pasos en silencio con el sobrino. Grandet no sentía embarazo para comunicar a Carlos la muerte de su padre; pero experimentaba una especie de compasión al verlo arruinado y buscaba fórmulas para suavizar la impresión de esta cruel verdad.
Para él no era nada el decirle: «¡Ha perdido usted a su padre!» pues los padres mueren antes que los hijos; pero en cambio, todas las desgracias de la tierra estaban, a su parecer, encerradas en estas palabras: «¡Está usted arruinado!» El avaro daba por tercera vez la vuelta al jardín, cuya arena crujía bajo sus pies. En los grandes acontecimientos de la vida, nuestra

alma siente un gran apego por los lugares en que los placeres o las penas nos han sido comunicadas; así es que Carlos examinaba con particular atención los bajos de aquel jardinito, las pálidas hojas que caían, los agujeros de las paredes y los árboles frutales, detalles todos pintorescos que habían de quedar grabados en su memoria y mezclados eternamente con aquella hora suprema, gracias a esa mnemotecnia propia de las pasiones.

-Hace calor, está un tiempo hermoso, dijo Grandet aspirando una gran bocanada de aire puro.

-Sí, tío; pero ¿para qué...?

-Verás, hijo mío, repuso el tío, tengo que comunicarte malas nuevas. Tu padre está muy malo.

-Y ¿cómo estoy yo aquí aún? exclamó Carlos. ¡Nanón, vaya usted a avisar los caballos a la posta! Me parece que podré encontrar un coche en el pueblo, añadió volviéndose hacia su tío, que permanecía inmóvil.

-Los caballos y el coche son inútiles, respondió Grandet mirando a Carlos, que permaneció mudo y cuyos ojos adquirieron una fijeza particular. Sí, hijo mío, sabe que ha muerto; pero eso no es nada, hay algo más grave, se ha levantado la tapa de los sesos.

-¡Mi padre!

-Sí, pero eso no es nada. Los periódicos lo comentan como si tuvieran derecho a ello. Toma, lee!

Grandet, que había pedido el periódico a Cruchot, presentó el fatal artículo ante los ojos de Carlos. En este momento el pobre joven, que era un niño aún y que estaba en la edad en que los sentimientos se manifiestan con sencillez, rompió en amargo llanto.

-Vamos, bien, se dijo Grandet; sus ojos me asustaban, pero cuando llora, ya está salvado. Eso no es nada aún, sobrino mío, repuso Grandet en voz alta sin saber si Carlos le escuchaba; eso no es nada, ya te consolarás.

-¡Nunca! ¡nunca! ¡padre mío! ¡papá querido!

-Te ha arruinado, te ha dejado sin un céntimo.

-¿Qué me importa eso? Dónde está mi padre?... ¿mi padre?...

El llanto y los sollozos resonaron en medio de aquellas paredes y fueron repetidos por los ecos. Las tres mujeres, apiadadas, lloraban. Las lágrimas son tan contagiosas como la risa. Carlos, sin escuchar a su tío, se fue al patio, tomó la escalera, subió a su cuarto y se arrojó sobre su cama metiendo la cabeza entre las sábanas para llorar a su gusto lejos de sus parientes.

-Hay que dejar pasar los primeros momentos, dijo Grandet volviendo a la sala, donde Eugenia y su madre habían recobrado bruscamente sus asientos y trabajaban con temblorosa mano, después de haberse enjugado los ojos. Pero ese joven no sirve para nada: ¡se ocupa más del muerto que del dinero!

Al ver que su padre juzgaba de aquel modo el más santo de los dolores, Eugenia se estremeció, y desde aquel momento empezó a formarse un concepto cabal acerca del autor de sus días.

Aunque apagados, los sollozos de Carlos resonaban en aquella sonora casa, y su sentido llanto, que parecía salir de debajo de tierra, no cesó hasta la noche, después de haberse ido debilitando gradualmente.

-¡Pobre joven! dijo la señora Grandet.

¡Fatal exclamación! El padre Grandet miró a su mujer, a Eugenia y el azucarero, se acordó del extraordinario almuerzo aprestado para el desgraciado pariente, y, plantándose en medio de la sala, dijo con su calma habitual:

-Señora Grandet, espero que no continuará usted sus prodi-galidades. Yo no le doy a usted mi dinero para hartar de azúcar a ese extravagante joven.

-No tiene mamá la culpa, sino yo, dijo Eugenia.

-¿Acaso te propones contrariarme porque eres mayor de edad? repuso Grandet interrumpiendo a su hija. Mira, Eugenia...

-Papá, el hijo de su hermano no debía carecer en su casa de...

-Ta, ta, ta, ta, dijo el tonelero en los cuatro tonos cromáticos, el hijo de mi hermano por aquí, mi sobrino por allá. Carlos no es nada para nosotros: no tiene donde caerse muerto, su padre ha hecho quiebra; y cuando ese petimetre haya llorado lo bas-tante, se largará de aquí; no quiero que revolucione mi casa.

-Papa, ¿qué es eso de hacer quiebra? preguntó Eugenia.

-Hacer quiebra es cometer la acción más deshonrosa de to-das las que pueden deshonrar a un hombre, respondió el padre.

-Pues debe ser un pecado bien grande, y nuestro hermano es-tará condenado, dijo la señora Grandet.

-Vamos, ya empiezas con tu letanía, dijo el avaro encogiéndo-se de hombros. Hacer quiebra, Eugenia, es cometer un robo que, por desgracia, está protegido por la ley. Hay gente que ha dado sus mercancías a Guillerno Grandet confiando en su repu-tación de honradez y de probidad, y después él se lo ha comido todo, y no les deja mas que los ojos para llorar. El ladrón de ca-minos es preferible al que hace quiebra: aquél le ataca a uno, permite defenderse y arriesga su vida; pero el otro... En fin, Carlos está deshonrado.

Estas palabras causaron a la joven un profundo dolor. Eugen-ia, que era tan honrada como delicada es la flor nacida en el interior de un bosque, no conocía las máximas del mundo, ni sus razonamientos capciosos, ni sus sofismas, y aceptó la atroz explicación que su padre le daba a intento acerca de la quiebra, sin darle a conocer la distinción que existe entre una quiebra forzosa y una quiebra fraudulenta.

-Y ¿no pudo usted impedir esa desgracia, papá?

-Mi hermano no me consultó; por otra parte, debía cuatro millones.

-Y ¿cuánto es un millón, papá? preguntó Eugenia con la sencillez de una niña que cree encontrar en seguida lo que desea.

-¡Un millón! dijo Grandet, es un millón de monedas de veinte perras chicas, y se necesitan cinco monedas de veinte perras chicas para componer un duro.

-¡Dios mío! ¡Dios mío! exclamó Eugenia, ¿cómo había hecho mi tío para reunir cuatro millones? ¿Hay alguna persona en Francia que pueda tener tanto dinero?

El padre Grandet se acariciaba la barba, se sonreía y su lobanillo parecía dilatarse.

-Y ¿qué va a ser de mi primo Carlos?

-Se marchará a las Indias a hacer fortuna, según los últimos deseos de su padre.

-Pero ¿ya tiene dinero para marcharse?

-Yo le pagaré el viaje... hasta... sí, hasta Nantes.

Eugenia abrazó a su padre, diciéndole:

-¡Ah! papá, ¡qué bueno es usted!

La joven abrazaba de un modo a Grandet, que éste, que empezaba a sentir ciertos remordimientos de conciencia, se sintió avergonzado.

-¿Se necesita mucho tiempo para reunir un millón? preguntó Eugenia.

-¡Diantre! ¿ya sabes lo que es un napoleón? pues bien, se necesitan cincuenta mil para formar un millón.

-Mamá, haremos algunas novenas por él.

-Ya pensaba en ello, hija mía, respondió la madre.

-Sí, justo, siempre gastar dinero, exclamó el padre. ¿Creéis acaso que hay aquí el oro y el moro?

En este momento, un sordo quejido, más lúgubre que todos los demás, resonó en la buhardilla y heló de espanto a Eugenia y a su madre.

-Nanón, sube arriba a ver si ese hombre se mata, dijo Grandet.

-¿Qué es eso? repuso volviéndose hacia su mujer y su hija, que habían palidecido al oír sus palabras: mucho cuidado con hacer tonterías, ¿eh? Bueno, os dejo, voy a hablar con los holandeses, que se marchan hoy. y después iré a ver a Cruchot para consultar con él este asunto.

Y salió. Cuando Grandet hubo cerrado la puerta, Eugenia y su madre respiraron a sus anchas. Hasta este día, la hija no se había sentido nunca molesta en presencia de su padre; pero hacía ya algunas horas que sus ideas y sus sentimientos habían cambiado por completo.

-Mamá, ¿cuántos luises dan por un tonel de vino?

-Hija mía, por lo que he oído decir, tu padre vende los suyos entre cien y ciento cincuenta francos, y a veces a doscientos.

-Y cuando recoge mil cuatrocientos toneles de vino, ¿cuánto le dan?

-No lo sé, hija mía, tu padre no me habla nunca de sus negocios.

-Pero entonces, papá debe estar rico.

-¡Quizá! pero el señor Cruchot me dijo que había comprado Froidfond hace dos años, y eso había agotado sus recursos.

Eugenia, al ver que no podía comprender la fortuna de su padre, se detuvo aquí en sus cálculos.

-¡Ni siquiera me ha visto el pobre chico! dijo Nanón volviendo. Está tendido como un buey sobre la cama, y llora como una Magdalena, que es una bendición. ¡Qué pena más grande para ese guapo señorito!

-Mamá, vamos en seguida a consolarle, y si llaman bajaremos.

La señora Grandet no tuvo valor para resistir a la voz angelical de su hija. Eugenia estaba sublime, era toda una mujer. Madre e hija, con el corazón palpitante, subieron al cuarto de Carlos. La puerta estaba abierta, el joven no veía ni oía nada. Sumido en amargo llanto, lanzaba., inarticulados lamentos.

-¡Cuánto quiere a su padre! dijo Eugenia en voz baja.

Por el acento con que fueron pronunciadas estas palabras era imposible dejar de ver las esperanzas de un corazón apasionado. Así es que la señora Grandet dirigió a su hija una cariñosa mirada, y le dijo al oído:

-Ten cuidado, porque podrías llegar a amarle.

-¿Amarle? repuso Eugenia. ¡Ah! ¡si supieses lo que mi padre ha dicho!

Carlos se volvió y vio a su prima y a su tía.

-¡He perdido a mi padre, a mi buen padre! Si él me hubiese confiado el secreto de su desgracia, hubiéramos trabajado juntos para repararla. ¡Dios mío! ¡pobre padre mío! Estaba tan seguro de volver a verle, que hasta me parece que le besé con frialdad al partir.

Los sollozos le cortaron la palabra.

-Nosotras rogaremos por él, dijo la señora Grandet. Confórmese usted con la voluntad de Dios.

-Primo mío, dijo Eugenia, tenga usted valor, su pérdida es irreparable, así es que piense usted ahora en salvar su honor.

Con ese instinto y esa delicadeza que posee la mujer cuando consuela, Eugenia quería alejar el dolor de su primo haciéndole ocuparse de sí mismo.

-¡Mi honor! gritó el joven echándose hacia arriba los cabellos con brusco movimiento, sentándose en la cama y cruzándose de brazos. ¡Oh! es verdad, según dice mi tío, mi padre ha hecho quiebra.

Y lanzando un grito desgarrador, se tapó la cara con las manos.

-¡Déjenme ustedes, prima, déjenme! ¡Dios mío! ¡Dios mío! ¡perdonad a mi padre, que debió sufrir mucho!

La presencia del dolor verdadero, sincero y desinteresado de aquel joven tenía un no sé qué horriblemente interesante. Era el suyo un dolor púdico que los corazones sencillos de Eugenia y su madre comprendieron, cuando Carlos hizo un gesto para pedirles que le dejasen solo. Las dos mujeres bajaron, pues, recobraron silenciosamente sus asientos al lado de la ventana, y trabajaron por espacio de una hora sin decir palabra.

Con una sola mirada furtiva que Eugenia había dirigido al cuarto del joven, había visto las bonitas bagatelas de su primo, su cepillo, sus peines, sus tijeras y sus navajas de afeitar con incrustaciones de oro; y aquella vista del lujo en medio de su dolor le hizo a Carlos más interesante aún, sin duda por el contraste. La imaginación de aquellas dos criaturas, sumidas siempre en la calma y la soledad, no había forjado ni presenciado nunca un acontecimiento tan grave, un espectáculo tan dramático como aquel.

-Mamá, nos pondremos luto por mi tío, dijo Eugenia.

-Tu padre decidirá eso, respondió la señora Grandet.

Y volvieron a guardar silencio. Eugenia hacía los puntos con una regularidad tal, que un observador hubiera deducido de ello los fecundos pensamientos que ocupaban su meditación. El primer deseo de aquella adorable joven era participar del duelo de su primo. A eso de las cuatro, un aldabonazo brusco resonó en el corazón de la señora Grandet.

-¿Qué tendrá tu padre? le dijo a Eugenia.

El viñero entró muy contento. Después de quitarse los guantes, se frotó las manos con tanta fuerza que se hubiera levantado la piel si su epidermis no estuviese curtida como la piel de Rusia, aunque no tenía el agradable olor de esta. Grandet se paseaba, miraba el tiempo y, por fin, descubrió su secreto, diciendo sin tartamudear:

-¡Amiga mía, los he cogido a todos, el vino está ya vendido! Los holandeses y los belgas se marchaban esta mañana, y yo me he paseado por la plaza, delante de su posada, como aquel que está ocioso; ya tengo lo que tú sabes. Los propietarios de todos los buenos viñedos guardan su cosecha y quieren esperar, y yo no les he dicho nada.
Nuestro belga estaba desesperado. Yo le he visto, y asunto hecho: toma nuestra cosecha a doscientos francos el tonel, pagando la mitad al contado y en oro. Las letras están ya

extendidas y aquí tienes los seis luises para ti. Dentro de tres meses, los vinos bajarán.

Estas últimas palabras fueron pronunciadas con un tono tranquilo, pero tan profundamente irónico, que los viñeros de Saumur, agrupados en aquel momento en la plaza y anonadados por la nueva venta que acababa de hacer, hubieran temblado si le hubiesen oído. Un pánico horroroso hubiera hecho bajar el precio de los vinos en un cincuenta por ciento.

-Papá, este año tiene usted mil toneles, ¿verdad? dijo Eugenia.

-Sí, hijita.

Este diminutivo era la expresión superlativa, con que el anciano tonelero expresaba su mayor gozo.

-Pues eso hace doscientas mil piezas de veinte perras chicas.

-Sí, señorita Grandet.

-Pues bien, papá, entonces ya puede usted socorrer a Carlos.

El asombro, la cólera y la estupefacción de Baltasar al ver el Mane- Thecel- Phares no podrían compararse con la fría rabia de Grandet al ver que su sobrino ocupaba el corazón y los cálculos de su hija, cuando ya no se acordaba él siquiera de su desgracia.

-¡Por vida de... ! desde que ese petimetre ha puesto el pie en mi casa, todo lo ha trastornado. Os permitís comprar confites y hacer fiestas y festines. No quiero ver que eso se repite. A mi edad, me sobra saber cómo debo obrar. ¡Qué diablo! Por otra parte, no tengo que recibir lecciones de mi hija ni de nadie. Haré por mi sobrino lo que sea conveniente, y vosotras no tendréis nada que ver. Respecto a ti, Eugenia, añadió volviéndose hacia su hija, no me hables más de él, o te envío a la abadía de Noyers con Nanón. Y como te atrevas a chistar, ahora mismo. ¿Dónde está ese muchacho? ¿ha bajado ya?

-No, amigo mío, respondió la señora Grandet.

-Pues ¿qué hace?

-Sigue llorando por su padre, respondió Eugenia.

Grandet, que también era un poco padre, miró a su hija sin saber qué responderle. Después de haber dado una o dos vueltas por la sala, el avaro subió a su despacho para meditar allí acerca de una inversión en fondos públicos. La madera de sus dos mil fanegas de bosque le había dado seiscientos mil francos, y uniendo a esta suma el dinero de los álamos, las rentas del año pasado y del corriente, y los doscientos mil francos de la venta que acababa de hacer, formaban un total de novecientos mil francos. El veinte por ciento de ganancia que podía obtener en poco tiempo comprando papel del Estado, que estaba al setenta, le tentaba.

Grandet calculó el importe de la especulación sobre el periódico mismo en que estaba anunciada la muerte de su hermano, oyendo los gemidos de su sobrino sin escucharlos. Nanón fue a golpear a la pared para avisar a su amo, pues la mesa estaba puesta. Cuando llegaba al último peldaño de la escalera, Grandet se decía:

-Ya que podré sacar un interés de un ocho, haré este negocio. En dos años, tendré un millón quinientos mil francos, que podré recoger en París en buen oro. Y bien, ¿dónde está mi sobrino?

-Dice que no quiere comer, respondió Nanón, y eso no es sano.

-Pero es económico, replicó su amo.

-¡Diantre! eso, sí.

-¡Bah! ya se cansará de llorar. El hambre hace salir al lobo del monte.

La comida fue sumamente silenciosa.

-Amigo mío, le dijo la señora Grandet cuando el mantel estuvo quitado, tendremos que ponernos luto.

-En verdad, señora Grandet, que no sabéis que inventar para gastar dinero. El luto debe estar en el corazón y no en las ropas.

-Pero el luto de un hermano es indispensable, y la Iglesia nos ordena que...

-Compra el luto con tus seis luises. A mi me pondréis una gasa en el sombrero y otra en la manga, y con eso bastará.

Eugenia levantó los ojos al cielo sin decir palabra. Por la primera vez en su vida, sus generosas inclinaciones, adormecidas y comprimidas, pero despertadas de pronto, se veían a cada momento contrariadas. Aquella noche fue semejante en apariencia a las mil noches de su monótona existencia, pero fue ciertamente la más horrible.

Eugenia trabajó sin levantar cabeza, y no se sirvió para nada del neceser que Carlos había desdeñado la víspera. La señora Grandet siguió trabajando los mitones. El avaro dio vueltas a sus pulgares durante cuatro horas, abismado en cálculos cuyos resultados habían de asombrar a Saumur al día siguiente. Aquel día nadie fue a visitar a esta familia. En aquel momento, la villa entera comentaba el negocio de Grandet, la quiebra de su hermano y la llegada de su sobrino.

Para obedecer a la necesidad de charlar acerca de sus intereses comunes, todos los propietarios de viñedos de las sociedades grandes y chicas de Saumur estaban en casa del señor de Grassins, donde se pronunciaron terribles imprecaciones contra el antiguo alcalde.

Nanón hilaba, y el ruido de su rueca fue el único sonido que se oyó bajo las vigas grisáceas de la sala.

-Lo que es hoy, poco gastamos la lengua, dijo la criada mostrando sus dientes blancos y gruesos como almendras mondadas.

-Es preciso no gastar nada, ni aun la lengua, respondió Grandet saliendo de sus meditaciones.

El avaro veía en perspectiva ocho millones al cabo de tres años, y bogaba ya por aquel inmenso océano de oro.

-Acostémonos, que ya es hora. Yo iré a darle las buenas noches a mi sobrino por todos, y a ver si quiere tomar algo.

La señora Grandet se quedó en el descansillo del tercer piso para oír la conversación que iba a tener lugar entre Carlos y su marido. Eugenia, más atrevida que su madre, subió dos peldaños más.

-Sobrino mío, está usted apenado; sí, llore, es natural, un padre es un padre. Pero hay que tomar las penas con paciencia; mientras usted llora, yo me ocupo de usted. Vamos, valor, no se apure, yo soy un buen pariente. ¿Quiere usted beber un vaso de vino? El vino, en Saumur, no cuesta nada, y se ofrece aquí vino como en las Indias una taza de té. Pero, dijo Grandet continuando, está usted a obscuras; malo, malo, es preciso ver claro lo que se hace.

Grandet se encaminó a la chimenea.

-¡Calla! exclamó, ¡una bujía! ¿Dónde diablos la habrán buscado? Esos demonios serían capaces de demoler la casa para obsequiar a este muchacho.

Al oír estas palabras, la madre y la hija se fueron a sus cuartos y se metieron en la cama con la celeridad de ratones asustados que entran en sus agujeros,

-Señora Grandet, ¿tiene usted acaso algún tesoro? dijo el avaro entrando en el cuarto de su mujer.

-Amigo mío, espérate, que estoy rezando, respondió con voz alterada la pobre madre.

-¡Llévese el diablo tus oraciones y tu Dios! replicó Grandet gruñendo.

Los avaros no creen en otra vida, y el presente es el todo para ellos. Esta reflexión hace comprender con horrible claridad la época actual, en la que el dinero domina más que nunca las leyes, la política y las costumbres. Instituciones, libros, hombres y doctrinas, todo conspira contra la creencia en una vida futura, creencia en la que se apoya el edificio social hace ya mil ochocientos años. Ahora el ataúd es una transición poco temida.

El porvenir que nos esperaba después del Requiem ha sido transportado al presente. Llegar por fas o por nefas al paraíso terrestre del lujo y de los vanos goces, petrificar el corazón y macerarse el cuerpo para obtener posesiones pasajeras, como se sufría antes el martirio por los bienes eternos, es el pensamiento general, pensamiento escrito, por lo demás, en todas partes, hasta en las leyes que preguntan al legislador: «¿Qué pagas?» en lugar de decirle: «¿Qué piensas?» Cuando esta doctrina haya pasado a ser patrimonio del pueblo, ¿qué será del país?

-Señora Grandet, ¿ha acabado usted? le dijo el antiguo tonelero.

-Amigo mío, estoy rogando por ti.

Está bien, buenas noches, mañana por la mañana hablaremos.

La pobre mujer se durmió como el escolar que, no habiendo estudiado sus lecciones, temo encontrarse al despertar el rostro irritado del maestro. En el momento en que, llena de miedo se arrebujaba con las sábanas para no oír nada: Eugenia, en camisa y descalza, llegó hasta ella para besarle en la frente.

-¡Ah! mamá querida, mañana le diré que he sido yo.

-No, que te enviaría a Noyers; déjame a mí obrar, que no me comerá.

-¿Oyes, mamá?

-¿Qué?

-Sigue llorando.

-Anda, ve a acostarte, hija mía, que el piso está húmedo y podrías coger frío a los pies.

De este modo pasó el día solemne que debía influir para siempre en la vida de la rica y pobre heredera, cuyo sueño no fue ya en lo sucesivo tan tranquilo y tan puro como lo había sido hasta entonces. Muy frecuentemente, ciertas acciones de la vida humana parecen inverosímiles, a pesar de ser verdaderas. Pero ¿no ocurrirá esto porque se deja casi siempre extender sobre nuestras determinaciones espontáneas una especie de luz psicológica, explicando únicamente las razones misteriosamente concebidas que las han originado?

La profunda pasión de Eugenia debía ser sin duda analizada en sus fibrillas más delicadas, pues se convirtió en una enfermedad e influyó en su existencia futura. Muchas personas prefieren negar los desenlaces, que medir la fuerza de los lazos, de los nudos y de los eslabones que encadenaron secretamente un hecho a otro en el orden moral. Aquí, pues, para los observadores de la naturaleza humana, el pasado de Eugenia justificará la sencillez de su reflexión y la instantaneidad de las efusiones de su alma. Cuanto más tranquila había sido su vida, con más ímpetu se desplegó en su alma la piedad femenina, que es el más ingenioso de los sentimientos.

Turbada por los acontecimientos de la víspera, Eugenia se despertó varias veces para escuchar a su primo, creyendo haber oído los suspiros que desde la víspera resonaban en su corazón: tan pronto le veía expirando de dolor, como soñaba que se moría de hambre. Al amanecer, oyó indudablemente una terrible exclamación, e inmediatamente se vistió y corrió con precipitado paso al lado de su primo, que había dejado la puerta abierta. La bujía se había gastado por completo.

Carlos, vencido por el cansancio, dormía vestido y sentado en un sofá, con la cabeza apoyada en la cama, y soñaba como sueñan los jóvenes cuando tienen el estómago vacío. Eugenia pudo llorar a su gusto y pudo admirar aquel joven y hermoso rostro, hollado por el dolor, y aquellos ojos hinchados por las lágrimas y que, aun durmiendo, parecían derramar llanto. Carlos adivinó simpáticamente la presencia de Eugenia, abrió los ojos y la vio emocionada.

-Dispénseme usted, prima, dijo Carlos sin saber la hora que era ni en el lugar en que se hallaba.

-Primo mío, hay aquí corazones que comprenden su dolor, y hemos creído que necesitaría usted algo. Debía usted acostarse, porque de esa manera no descansa.

-Es verdad.

-Pues bien, adiós.

Y se escapó avergonzada y contenta por haber dado aquel paso. La inocencia es la única que tiene estos atrevimientos. La virtud instruida calcula como el vicio. Eugenia, que no había temblado al lado de su primo, apenas pudo sostenerse cuando estuvo en su cuarto. Su ignorante vida había cesado de pronto, y empezó a razonar y a hacerse mil reproches. «¿Qué idea se formará de mí? Creerá que le amo? Esto era precisamente lo que más deseaba ella hacerle creer. El amor franco tiene su presciencia y sabe que el amor provoca el amor. ¡Qué acontecimiento más importante para aquella joven solitaria el haber entrado furtivamente en la habitación de un joven!

¿No hay en amor acciones y pensamientos que equivalen para ciertas almas a los santos desposorios? Una hora después, Eugenia entró en el cuarto de su madre para vestirla como acostumbraba; y hecho esto, fueron a ocupar sus asientos delante de la ventana, y esperaron a Grandet con esa ansiedad que hiela el corazón o lo caldea, lo oprime o lo dilata, según los caracteres, cuando se teme una disputa o un castigo, sensación ésta que es, por otra parte, tan natural, que los animales domésticos la experimentan hasta el punto de gritar por el insignificante mal de una corrección, siendo así que se callan cuando se hieren por inadvertencia.

A poco bajó el buen hombre, pero habló con aire distraído a su mujer, besó a Eugenia y se sentó a la mesa sin que, al parecer, pensase en las amenazas de la víspera.

-¿Qué hará mi sobrino? ¡Bien poco molesta el pobrecillo!

-Está durmiendo, señor, dijo Nanón.

-Tanto mejor, así no necesitará bujía, dijo Grandet en tono chocarrero.

Esta clemencia insólita, esta amarga alegría, sorprendió a la señora Grandet, que miró a su marido atentamente. El buen hombre... (Creemos conveniente advertir aquí que en Turena, en Anjou, en Poitú y en Bretaña, la palabra buen hombre, empleada ya varias veces para designar a Grandet, se aplica lo mismo a los hombres más crueles que a los más buenos cuando han llegado a cierta edad. Este título no afecta para nada a la mayor o menor mansedumbre individual.) El buen hombre, repito, tomó el sombrero y los guantes, y dijo:

-Voy a dar una vuelta por la plaza a ver si encuentro a Cruchot.

-Eugenia, no me cabe duda que a tu padre le pasa algo.

En efecto, Grandet, que era poco dormilón, empleaba la mitad de las noches en los cálculos preliminares que daban a sus entrevistas, a sus observaciones y a sus planes aquella seguridad de éxito que tanto asombraba a los habitantes de Saumur. Todo poder humano es un compuesto de paciencia y de tiempo. Las gentes poderosas quieren y velan. La vida del avaro es un constante ejercicio del poder humano puesto al servicio de la personalidad.

Ese ser no se apoya más que en dos sentimientos: el amor propio y el interés; pero no siendo en cierto modo el interés más que el amor propio sólido y bien entendido, la confirmación casi continua de una superioridad real, el amor propio y el interés son dos partes de un mismo todo: el egoísmo. De ahí proviene, sin duda, la prodigiosa curiosidad que excitan los avaros puestos hábilmente en escena. Todo el mundo tiene algo de esos personajes, que se declaran contra todos los sentimientos humanos resumiéndolos todos. ¿Dónde está el hombre sin deseo y qué deseo social se satisface sin dinero? Como decía su mujer, a Grandet le pasaba realmente algo.

Como. todos los avaros, el antiguo tonelero sentía una persistente necesidad de jugar una partida con los demás hombres y de ganarles legalmente el dinero. Cobrar impuestos al prójimo, ¿no es ejercer un acto de poder y abrogarse perpetuamente el derecho de despreciar a los que, por ser demasiado débiles, se dejan devorar? ¡Oh! ¿quién ha sabido comprender la significación del cordero apaciblemente acostado a los pies de Dios, que es el emblema más conmovedor de todas las víctimas terrestres, el de su porvenir, el de su sufrimiento y su debilidad glorificados?

El avaro deja engordar este cordero, lo aprisca, lo mata, lo cuece, se lo come y lo desprecia. El alimento de los avaros se compone de dinero y de desdén. Durante la noche, las ideas del buen hombre habían tomado otro curso y de ahí provenía su clemencia: había urdido una trama para burlarse de los parisienses, para marearlos, petrificarlos, hacerles ir, venir, esperar, sudar, palidecer; para divertirse a costa de ellos, él, el antiguo tonelero que ocupaba aquel modesto y antiguo edificio. Su sobrino había sido objeto de sus meditaciones, y quería salvar el honor de su difunto hermano sin que les costase un céntimo ni a él ni a su sobrino. Como sus fondos iban a ser colocados por tres años y no tenía más quehacer que el de administrar sus bienes, necesitaba dar alimento a su maliciosa actividad y lo había encontrado en la quiebra de su hermano. No teniendo ningún negocio entre manos, quería triturar a los parisienses en provecho de Carlos y mostrarse buen hermano sin gastar nada.

El honor de la familia entraba tan poco en sus proyectos, que su buena voluntad debe compararse a la que experimentan los jugadores en ver jugar una partida en la que no interesan nada. Los Cruchot le eran necesarios, y como no quería ir a buscarles, había decidido hacerles ir a su casa y empezar aquella misma noche la comedia cuyo plan acababa de concebir, a fin de ser al día siguiente objeto de la admiración de su pueblo sin que le costase un céntimo. En ausencia de su padre, Eugenia tuvo la dicha de poder ocuparse a sus anchas de su muy amado primo y de prodigarle sin temor los tesoros de su piedad, que es una de las sublimes superioridades de la mujer, la única que ella desea hacer sentir. Eugenia fue a escuchar tres o cuatro veces la respiración de su primo para saber si dormía o si estaba despierto, y después, cuando aquél se levantó, la crema, el café, los huevos, la fruta, el vaso, todo lo que formaba parte del almuerzo, fue para ella objeto de cuidado. Por fin, subió ágilmente la vieja escalera para escuchar el ruido que hacía su primo. ¿Se estaría vistiendo? ¿lloraría aún? Por fin, llegó hasta su puerta.

-¿Primo mío?

-¿Qué hay, prima?

-¿Quiere usted almorzar en la sala o en su cuarto?

-Donde usted quiera.

-¿Cómo se encuentra?

-Prima querida, me avergüenzo de tener hambre.

Esta conversación a través de la puerta era para Eugenia todo un episodio de novela.

-Pues bien, ahora le traeremos a usted el almuerzo a su cuarto, a fin de no contrariar a mi padre.

Y acto continuo bajó a la cocina con la ligereza de un pájaro.

-Nanón, vete a arreglar su cuarto.

Aquella escalera que tanto había subido y bajado durante su vida y donde resonaba el menor ruido, le parecía a Eugenia que había perdido su carácter de vetustez y que le hablaba, que era joven como ella, joven como su amor, al que a la sazón servía. Su madre, su buena e indulgente madre, quiso prestarse a los caprichos de su amor, y cuando el cuarto de Carlos estuvo arreglado, subió con ella a hacer compañía al desgraciado: ¿no ordena la caridad cristiana que se consuele al afligido? Aquellas dos mujeres procuraron sacar de la religión un buen número de pequeños sofismas para justificar su conducta.

Carlos Grandet fue, pues, objeto de los más afectuosos y tiernos cuidados. Su dolorido corazón sintió vivamente la suavidad de la cariñosa amistad y de la simpatía que aquellas dos almas supieron desplegar al verse libres un momento en la región de los sufrimientos, en su esfera natural. Autorizada por el parentesco, Eugenia se puso a arreglar los objetos del tocador que su primo había llevado, y pudo maravillarse a su gusto de las chucherías de plata y oro, que retenía largo tiempo en sus manos bajo pretexto de examinarlas.

Carlos no vio sin enternecerse el generoso interés que por él se tornaban su tía y su prima, pues conocía bastante la sociedad de París para saber que en la situación en que se hallaba no hubiese encontrado allí más que corazones indiferentes o fríos. Eugenia se le apareció en todo el esplendor de su belleza especial, y el joven empezó a admirar la inocencia de aquellas costumbres, de que se burlaba la víspera. De modo que cuando Eugenia tornó de manos de Nanón el tazón lleno de café con crema para dárselo a su primo al mismo tiempo que le dirigía una cariñosa mirada, los ojos del parisiense se llenaron de lágrimas, y, tomándole la mano, se la besó.

-Vamos, ¿qué le pasa aún? le preguntó la joven.

-¡Oh! son lágrimas de agradecimiento, respondió Carlos.

Eugenia se volvió bruscamente hacia la chimenea para tomar el candelero.

-Nanón, ten, llévatelo, dijo.

Cuando Eugenia miró a su primo estaba muy colorada aún, pero al menos sus palabras pudieron mentir y ocultar la excesiva alegría que inundaba su corazón; pero sus ojos expresaron un vivo sentimiento y sus almas se fundieron en una misma idea: el porvenir era de ellos. Aquella grata emoción fue tanto más deliciosa para Carlos en medio de su inmensa pena, cuanto que era completamente inesperada. Un aldabonazo llamó a las dos mujeres a sus puestos.

Afortunadamente, pudieron bajar antes de que Grandet hubiese entrado; si el avaro las hubiese encontrado fuera de sus asientos, hubiera sido lo bastante para excitar sus sospechas. Después del almuerzo, que el buen hombre hizo de pie, el guarda, que no había recibido aún la indemnización prometida, llegó de Froidfond llevando una liebre, unos perdigones muertos en el parque, unas anguilas y dos lucios que le habían dado los marineros.

-Vaya, vaya, este Cornoiller viene como pedrada en ojo de boticario. ¿Sirve eso para comer?

-Si, generoso señor, ha sido matado hace dos días.

-Vamos, Nanón, date prisa, dijo el avaro, toma eso y arréglalo para la comida, pues tengo convidados a los dos Cruchot.

Nanón abrió los ojos con asombro y miró a todo el mundo.

-Está bien, dijo, ¿y la grasa y las especias?

-Mujer, dijo Grandet, dale seis francos a Nanón, y recuérdame que tengo que ir a la bodega a sacar vino bueno.

-Bueno, señor Grandet, repuso el guarda, que había preparado su arenga para decidir la cuestión de la gratificación, yo...

-Ta, ta, ta, ta, dijo Grandet, ya sé lo que vas a decir, eres un diablillo: hoy tengo mucha prisa, mañana hablaremos de eso. Mujer, dale cinco francos, dijo a la señora Grandet.

Y se marchó.

La pobre mujer se consideró muy feliz pudiendo comprar la paz por doce francos, pues sabía que Grandet, después de irle sacando poco a poco el dinero que le había dado, solía estar callado durante quince días.

-Toma, Cornoiller, le dijo la señora Grandet poniéndole diez francos en la mano, algún día le pagaremos a usted sus servicios.

Cornoiller no dijo nada y se fue.

-Señora, dijo Nanón que se había puesto ya su cofia negra y que había cogido el cesto, no necesito más que tres francos, guárdese el resto.

-Nanón, haz una buena comida, que también bajará mi primo, dijo Eugenia.

-No hay duda de que aquí pasa algo extraordinario, dijo la señora Grandet. Desde que nos hemos casado, esta es la tercera vez que tu padre tiene invitados a comer.

A eso de las cuatro de la tarde, en el momento en que Eugenia y su madre acababan de poner la mesa para seis personas y en que el dueño de la casa subía con algunas botellas de esos exquisitos vinos que conservan con amor los provincianos, Carlos se presentó en la sala. El joven estaba pálido, y sus facciones, sus gestos, sus miradas y su voz tenían una melancolía llena de gracia, pues el infortunado no fingía el dolor, sino que sufría verdaderamente, contribuyendo esto a darle ese aire interesante que tanto agrada a las mujeres.

Al verlo así, Eugenia le amó aún más. La desgracia contribuyó a aproximarlo más a ella. Carlos no era ya el joven rico y guapo colocado en una esfera inaccesible para ella, sino que era un pariente sumido en una miseria espantosa. La miseria engendra la igualdad. La mujer tiene una cosa de común con los ángeles, y esta es que los desgraciados le pertenecen. Carlos y Eugenia se entendieron y se hablaron con los ojos, pues el pobre petimetre caído, el infeliz huérfano, se colocó en un rincón y permaneció allí callado, tranquilo y digno; pero de cuando en cuando la cariñosa mirada de su prima le obligaba a dejar sus tristes pensamientos.

Y a recorrer con ella los campos de la esperanza y del porvenir. En aquel momento, la villa se ocupaba más de la comida ofrecida por Grandet a los Cruchot, que de la venta de la cosecha, que constituía un crimen de alta traición a los viñeros. Si el político viñero hubiese dado la comida con la misma intención con que Alcibíades cortó la cola a su perro, hubiera sido, sin duda, un gran hombre; pero como estaba muy por encima de una villa de la que se burlaba sin cesar, no hacia ningún caso de Saumur. Los de Grassins supieron en seguida la muerte violenta y la quiebra probable del padre de Carlos, y resolvieron ir aquella misma noche a casa de su cliente a fin de tomar parte en su desgracia y darle pruebas de amistad ¿informarse al mismo tiempo de los motivos que podían haberle, determinado a invitar a comer a los Cruchot en semejante ocasión. A las cinco en punto, el presidente C. de Bonfons y su tío el notario llegaron endomingados hasta los dientes. Los convidados se sentaron a la mesa y empezaron por comer admirablemente. Grandet estaba grave, Carlos silencioso, Eugenia muda, y la señora Grandet no habló más de lo que acostumbraba; de modo que aquella comida fue verdaderamente de duelo, acabada la cual, Carlos dijo a sus tíos:

-Permítanme que me retire; tengo que escribir algunas cartas.

-Haga lo que guste, sobrino.

Cuando el avaro presumió que Carlos no oiría nada, por estar ocupado en sus cartas, miró socarronamente a su mujer, y le dijo:

-Señora Grandet, lo que vamos a hablar aquí sería latín para vosotras, y, como son ya las siete y media, podéis ir a acostaros. ¡Buenas noches, hija mía!

Grandet abrazó a su hija, y las dos mujeres salieron. Entonces empezó la escena en que el padre Grandet empleó, mejor que en ningún momento de su vida, la astucia que había adquirido en su trato con los hombres y que le había valido el sobrenombre de perro viejo. Si el alcalde de Saumur hubiese llevado su ambición a mayor altura, y si, por felices circunstancias, hubiese llegado a los congresos donde se trataban los asuntos de las naciones y se hubiese servido del genio de que se servía para sus intereses personales, no hay duda que hubiese sido gloriosamente útil a Francia. Sin embargo, es fácil también que, una vez fuera de Saumur, el hombre hubiese hecho un triste papel, pues ocurre con los hombres como con ciertos animales, que no engendran una vez sacados del país en que han nacido.

-Se... se... se... ñor presidente, us... us... ted de... de... de... cía que... que... que... la... la... quie... quie... quie... bra...

La tartamudez afectada hacía ya tiempo por el avaro y que pasaba por natural, así como la sordera de que se quejaba en tiempo de lluvia, se hizo en esta ocasión tan fatigante para los dos

Cruchot, que éstos hacían muecas sin querer al escuchar al viñero, y esfuerzos como si quisiesen acabar las palabras en que aquel se enredaba adrede. Creemos necesario hacer aquí la historia de la tartamudez y de la sordera de Grandet. No había nadie en Anjou que oyese ni pudiese pronunciar mejor el francés que el astuto viñero. En otro tiempo, a pesar de su astucia, Grandet había sido engañado por un israelita que, en medio de la discusión, se aplicaba la mano al oído a guisa de trompeta, bajo pretexto de oír mejor, y chapurraba de tal modo buscando las palabras, que el avaro, víctima de su humanidad, se creyó obligado a sugerir a aquel maligno judío las palabras y las ideas que parecía buscar éste, a acabar él mismo los razonamientos del dicho judío, a hablar como debía hablar el condenado judío y a ser, en fin, el judío y no Grandet.

El tonelero acabó aquella extraña entrevista haciendo el único negocio malo que había hecho en su vida. Pero si salió perdiendo en él, pecuniariamente hablando, ganó moralmente una buena lección, y más tarde recogió sus frutos de tal modo, que el buen hombre acabó por bendecir al judío que le había enseñado el arte de impacientar a su adversario, ocupándole en expresar el pensamiento ajeno y haciéndole perder constantemente de vista el propio. Ahora bien, ningún negocio exigió más que aquel de que iba a tratar el empleo de la sordera, de la tartamudez y de los ambages incomprensibles de que Grandet rodeaba sus ideas. En primer lugar, no quería aceptar la responsabilidad de sus ideas, y además deseaba ser dueño de su palabra y dejar en duda acerca de sus verdaderas intenciones.

-Se... se... ñor de... de Bon... Bon... Bon... fons.

En tres años era la segunda vez que Grandet llamaba señor de Bonfons al sobrino de Cruchot.

El presidente pudo creerse elegido yerno por el artificioso negociante.

-Us... us... us... ted de... de... de... cía, pues, que... que... que las quie... quie... quie... bras pue... pue... pue... den en... en... en cier... cier... cier... tos ca... ca... ca... sos ser impe... pe... pe... didas po... po... po... por...

-Por los mismos tribunales de comercio. Eso se ve todos los días, dijo el señor C. de Bonfons aprehendiendo la idea del padre Grandet o creyendo adivinarla y deseando explicársela afectuosamente. Escuche usted.

-Es... es..,es... cu... cu... cho, repuso humildemente Grandet tomando la maliciosa actitud del niño que se ríe interiormente de su profesor, si bien fingiendo que le escucha con la mayor atención.

-Cuando un hombre considerable y considerado como lo era, por ejemplo, su difunto hermano en París...

-Mi... mi her... her... her... ma... ma... no, sí... sí... sí...

-Está amenazado de una bancarrota...

-¿Se... se... se lla... lla... lla... ma e... e... e... so ban... ban...
ban... ca... ca... ca... rrota?

-Sí. Y cuando su quiebra se hace inminente, el tribunal de comercio puede nombrar liquidadores a la casa. Liquidar no es
hacer quiebra, ¿comprende usted? Haciendo quiebra, un hombre está deshonrado pero liquidando, sigue siendo honrado.

-La... la... la co... co... co... sa es.. es... es bi.., bi... bi... en di-
fe... fe... fe... rente, si... si..,.si no... no... no cu... cu... cu... esta
ma... ma... ma... más ca... ca... ca... ra, dijo Grandet.

-Pero una liquidación puede hacerse aun sin el auxilio del tribunal de comercio, porque, continuó el presidente aspirando
un polvo de tabaco, ¿cómo se declara una quiebra?

-Nu... nu... nu... nunca he... he... he pen... pen... pen... sa...
sa... sa... do... do... do en... en... ello, dijo Grandet.

-En primer lugar, repuso el magistrado, mediante la declaración de quiebra ante el escribano del tribunal, la cual puede
hacer el negociante mismo o su apoderado, y en segundo lugar, a instancias de los acreedores. Ahora bien, si el negociante no declara la quiebra, y si ningún acreedor requiere del tribunal un juicio que declare en quiebra al susodicho negociante, ¿qué ocurre?

-Sí... sí... sí, ve... ve... ve... a... a... a... mos.

-Entonces, la familia del finado, sus representantes, sus herederos o el negociante, si no ha muerto, o sus amigos, si está es-
condido, liquidan. ¿Quiere usted acaso liquidar los negocios de
su hermano? preguntó el presidente.

-¡Ah! Grandet, haría usted muy bien, exclamó el notario. Aun
hay honor en provincias. Si usted salvase su apellido, pues es
su apellido, sería usted un hombre...

-¡Sublime! dijo el presidente interrumpiendo a su tío.

-Cier... cier... cier... ta... ta... ta... mente, replicó el anciano viñero, mi... mi... mi her... her... her... ma... ma... ma... no se... se... se lla... lla... ma... ma... ba Grandet como yo. E... e... e... e... e... so es in... in... in... in... du.. du... dable. Yo... yo... yo no... no... no di... di... di... go lo... lo... lo con... con... tra... tra... rio. Y e... e... sa li... li... qui... qui... da... da... ci... ci... ción po... po... po... dría ser en to... to... to... do ca... ca... so y por to... to... to... dos con... con... con... ceptos mu... mu... muy ven... ven... ven... tajosa pa... pa... pa... ra los intereses de mi... mi... mi so... so... so... brino, a... a... a quien quie... quie... quie... ro. Pe... pe... ro hay que.. que... que verlo. Yo... yo... yo no... no... no co... co... co... nozco las... las... las pi... pi... pi... lladas de... de... de Pa... Pa... rís. Yo es... es... es... toy en Saumur Y... y... y no... no entiendo ma... ma... más que mis a... a... a... asuntos. Yo no... no... no he he... he... cho nun... nun... ca nin... nin.. gu... gu... na le... le... tra de... de ca... ca... cambio. Yo he... he... he recibido mu... mu... chas, pe... pe... ro no... no he fir... fir... ma... ma... do ninguna. E... e... e... es una co... co... sa que... que se... se co... co... bra y... y se... se... se descuenta. Esto es.. es... es lo... lo único que... que sé... sé. He... he... he... he o... o... o... o... í... í... í... do de... de... cir que... que se... se... se po... po... po... dí... dí... dí... dían comprar las le... le... le... le...

-Sí, dijo el presidente, se pueden adquirir las letras en la plaza mediante un tanto por ciento, ¿comprende usted?

Grandet se llevó la mano al oído y el presidente repitió la frase.

-Entonces, respondió el viñero, ¿se pue... pue... de sa... sa... car de... de a... a... a... ahí algo? Yo... yo... yo no entiendo es... es... es... tas co... co... co... sas. Y... y... y... yo tengo que... que... que que... darme a... a... a... aquí para ve... ve... velar por mis co... co... co... sechas. Esto ante... te... te todo. Además, te... te... te... tengo nc... ne... negocios en Froidfond y... y... y muchos in... in... intereses. Yo no pue... pue... pue... do a... a... a... bandonar mi... mi... mi casa por embrrrrr... brollos que no entiendo. Us... us... us... ted di... di... di... ce que yo ten... ten... ten... dría que ir a París pa... pa... pa... ra evitar la

de... de... de... claración de... de... de qui... qui... e... e... e...
bra. U... u... u... uno no pue... pue... pue... puede estar en do...
do... dos lu... lu... lu... gares a... a... a menos que... que... que
no se... se... se... sea un pájaro.

-Ya le entiendo a usted, exclamó el notario. Pero no se apure,
tiene usted amigos capaces de sacrificarse por usted.

-¿Si acabarás de decidirte? pensaba para sus adentros el
avaro.

-Y si alguno fuese a París y buscase allí al mayor acreedor de
su hermano Guillermo y le dijese...

-Si... si... si, repuso Grandet, le di... di... jese, ¿qué? A... a...
a... algo así co... co... co... mo: «El... el... el señor Grandet de...
de... de Saumur po... po... por a... a... aquí, el... el... el señor
Grandet de Saumur por acá, qui... qui... qui... ere a a... a su...
su... su her... her... her... mano y a a... a su so... so... so... brino. Grandet es un bu bu... buen pa... pa... pa... rien... rien... te,
ti... ti... ti... e... e... ne bu... bu... bu... enas intenciones, ha vendido su co... co... co... se... cha, no de... de... de... claren ustedes la... la... la qui... qui... quiebra. En... en... ton... ton... ton...
ces Grandet ve... ve... ve... rá. Sal... sal... sal... drán ustedes
ga... ga... ga... nando ma... ma... más que per... per... per... mi-
tiendo que... que... que la... la... la justicia in... in... in... ter...
ter... ven... ven... ga». ¿Eh? ¿no le parece a usted?

-¡Eso mismo! dijo el presidente.

-Po... po... po... porque ve... ve... ve... vea usted, se... se... señor de Bon... Bon... Bon... fons, ha... ha... hay que... que... que
mi... mi... rar la... la... las cosas an... an... an... tes de... de... de
de... de... de... ci... ci... ci... dir... dir... se. El... el que... que
no... no pu... pu... puede, no pu... puede. En to... to... todo a...
a... sunto o... o... o... neroso, pa... pa... para no a... a... a... rrui-
narse, hay que conocer el debe y el haber, ¿no es verdad?

-Vaya, dijo el presidente. Yo opino que dentro de algunos meses se podrá pagar todo mediante un arreglo. ¡Ah! ¡ah!

mediante interés se lleva a los hombres a cualquier parte. Cuando no ha habido declaración de quiebra y se tienen en la mano las letras de los acreedores, se queda uno blanco como la nieve.

-¿Co... co... co... mo la... la ni... ni... ni... eve? dijo Grandet llevándose la mano a la oreja. No... no co... co... co... mprendo e... e... so de... de... de la... la nie... nie... ve.

-Pero escuche usted, gritó el presidente.

-E... e... e... e... es... cu... cu... cho.

-Un efecto es una mercancía que puede tener su alza y su baja. Esto es una deducción del principio de Jeremías Bentham acerca de la usura. Este publicista ha probado que la reprobación con que la sociedad mira a los usureros es una tontería.

-¡Vaya que sí! dijo el avaro.

-Teniendo en cuenta este principio de Bentham, el dinero es una mercancía, y lo que representa el dinero, se convierte también en mercancía, repuso el presidente, toda vez que es notorio que, sometida a las variaciones habituales que sufren las cosas comerciales, la mercancía letra, llevando tal o cual firma, abunda o falta en la plaza, donde llega a adquirir un gran valor o donde no vale nada (¡toma! ¡qué tonto soy! dispense usted). Mire, creo que podrá evitar la quiebra de su hermano por un veinticinco por ciento.

-Di... di... dice usted que... que... que se... se... se lla... lla... lla... ma Jeremías Ben... Ben... Ben...

-Bentham, un inglés.

-Ese Jeremías nos evitará muchas lamentaciones en este negocio, dijo el notario riéndose.

-E... e... e... sos in... in... in... gleses ti... ti... ti... tienen a... a ve... ve... veces bu... bu... bu... buenas o... o... o... cu... cu...

rren... rren... cias, dijo Grandet. De... de... de mo... mo... mo...
do que... que, según Ben... Ben... Ben... tham, si los efectos de
mi hermano va... va... va... len, no... no... no va... va... va... va...
len. Sí. Yo... yo... yo di... di... di... go bi... bi... bien, ¿ver... ver...
ver... dad? e... e... e... eso me... me... me pa... pa... pa... rece
cla... cla... cla... ro. Los... los... los a... cre... cre... edores se...
se... se... rían, no... no... no se... se... se... rían, y... y... y yo
me... me... me en... en... en... tiendo.

-Déjeme usted explicárselo, dijo el presidente. En derecho, si
usted posee los títulos de todos los acreedores de la casa Grandet, su hermano o sus herederos no deben nada a nadie. Ahora
bien...

-¡Bien! repitió el buen hombre.

-En equidad, si los efectos de su hermano se negocian (se negocian, ¿entiende usted bien este término?) con un tanto por
ciento de pérdida, si un amigo suyo pasa y los recoge todos, los
herederos del señor Grandet, de París, no deberán nada a nadie y se habrán empazado legalmente.

-E... e... e... eso ver... ver... verdad, lo... lo... lo... los ne...
ne... go... go... cios, son lo... lo... los ne... ne... go.. go... cios,
dijo el, tonelero; pe... pe... pero usted yyy... ya com... com...
pren... pren... derá que... que es... es di... di... di... fí... fí... cil;
yy... yo no... no... te... te... tengo di... di... di... ne... ne... ro,
ni... ni... tiempo, ni... ni...

-Sí, usted no puede dejar sus negocios; pero yo me ofrezco a
ir por usted a París, pagándome usted el viaje, que es una miseria. Veo allí a los acreedores, les hablo, los aplazo y se lo
arreglo a usted todo con un suplemento de crédito que añadirá
usted a los valores de la liquidación, a fin de entrar en posesión
de todas las letras de su hermano.

-Ya... ya... ya ve... ve... ve... re... re... mos e... e... e... eso,
yy... yo no... no... no pue... pue... puedo com... com... pro...
pro... me... me... terme sin... El... el... el que... que... que no...

no... no pue... pue... puede, no... no... no pue... pue... puede, ¿comprende usted?

-Es natural.

-Ya... ya... ya es... es... es... toy ma... ma... ma... reado con... con... con lo... lo... lo que... que usted a... a... a... ca... ca... ba de... de... de de... de... de... cir... cir... me. E... e... e... ésta es... es... es la... la... la pri... pri... me... me... ra vez en... en... en mi... mi vi... vi... da que... que... que ten... ten... tengo que... que pen... pen... sar en... en...

-Ya se ve, usted no es jurisconsulto.

-Yo, yo... yo soy un... un po... po... pobre vi... vi... ñero, y... y... y no... no sé na... na... de de... de... de lo... lo que... que a... a... a... ca... ca... ba usted de... de de... de... de... cirme. Ten... ten... tengo que... que... que es... es... es tu... tu... diar e... e... so.

-Pues bien, repuso el presidente disponiéndose a resumir la discusión.

-¡Sobrino! le dijo el notario interrumpiéndole en tono de reproche.

-¿Qué hay, tío? respondió el presidente.

-Deja que el señor Grandet te explique sus deseos. Se trata en este momento de un asunto muy importante. Nuestro querido amigo debe definirlo congruen...

Un aldabonazo que anunció la llegada de la familia de Grassins, su entrada y sus saludos, impidieron acabar la frase. El notario se alegró de esta interrupción, porque Grandet le miraba ya de reojo y su lobanillo indicaba una tormenta interior. En primer lugar, el prudente notario no creía conveniente que un presidente de audiencia fuese a París a hacer capitular a los acreedores y a mezclarse en un negocio que estaba muy lejos de ajustarse a las leyes de la estricta probidad, y además, como no había oído que el señor Grandet tuviera deseos de pagar nada, temblaba instintivamente ante la idea de ver a su sobrino metido en aquel asunto. Cruchot aprovechó, pues, el momento en que los de Grassins entraban, y cogiendo a su sobrino por el brazo y llevándolo al alféizar de una ventana, le dijo:

-Sobrino mío, ya has hecho bastante, y debes de cesar en tus ofrecimientos. El deseo de casarte con la joven te ciega. ¡Qué diablo! hay que andar con pies de plomo. Deja que yo dirija este asunto, y tú no hagas más que ayudarme. ¿Te parece que está bien que comprometas tu dignidad de magistrado en semejante...?

El notario no acabó la frase: oía que el señor de Grassins decía al antiguo tonelero tendiéndole la mano:

-Grandet, hemos sabido la espantosa desgracia que hiere a su familia, con el desastre de la casa Guillermo Grandet y la muerte de su hermano, y venimos a manifestarle la pena que causa tan triste acontecimiento.

-La muerte del señor Grandet, de París, es la única desgracia, dijo el notario interrumpiendo al banquero. Si él hubiese llamado a su hermano en su auxilio, seguramente que no se hubiera matado. Nuestro antiguo y querido amigo, que es honrado hasta la médula de los huesos, quiere liquidar las deudas de la casa Grandet, de París. Mi sobrino, el presidente, para ahorrarle las molestias de un asunto completamente judicial, se ofrece a marchar en el acto a París, a fin de arreglarse con los acreedores y pagarles convenientemente.

Estas palabras, confirmadas por la actitud del viñero, que se acariciaba la barba, sorprendieron extraordinariamente a los tres de Grassins, que habían ido por el camino criticando a su gusto su avaricia y acusándole casi de fratricida.

-¡Ah! ¡ya lo sabía yo! exclamó el banquero mirando a su mujer, ¿qué te decía yo por el camino? Grandet es un hombre honrado a carta cabal y no consentirá que su nombre quede manchado. ¡El dinero sin honor no vale nada! ¡Mil rayos! ¡aun hay honor en provincias! ¡Muy bien, muy bien, Grandet! Yo soy un veterano, no sé ocultar mi pensamiento y lo digo con franqueza, ¡mil truenos! ¡eso es sublime!

-E... e... e... en... en... ton... ton... ces ve... ve... ve... veo que... que... que e... e... es mu... mu... muy ca... ca... caro lo... lo... lo su... su... su... bli... bli... bli... me, respondió el avaro mientras el banquero le sacudía calurosamente la mano.

-Pero esto, amigo Grandet, no concierne al señor presidente, repuso de Grassins. Esto es un asunto puramente comercial y debe ser dirigido por un negociante consumado. ¿No es preciso entender en cuestión de letras, descuentos, intereses, etc.? Yo tengo necesidad de ir a París para arreglar varios asuntos y entonces podría encargarme...

-Y... y... y... ya ve... ve... ve... re... re... mos de... de... de po... po... po... ner... ner... nos de... de... a... a... cuer... cuer... do lo... lo... los dos a... a... a... cer... cerca de... de... de las pro... pro... pro... ba... ba... bi... bi... li... li... li... da... da... des de.. de es... es... es... te a... a... a... sun... sun... to sin compro... pro... pro... me... me... meterme, dijo Grandet tartamudeando. Porque vea usted, como es natural, el señor presidente me pedía los gastos del viaje.

Grandet no tartamudeó para decir estas últimas palabras.

-¡Eh! dijo la señora de Grassins, pero si es un placer estar en París. Yo pagaría con gusto por ir allá.

E hizo seña a su marido como para animarle a birlarles aquella comisión a sus adversarios, costase lo que costase, mirando irónicamente a los dos Cruchot, que afectaron cara de humildad. Entonces Grandet cogió al banquero por uno de los botones de la levita y lo llevó a un rincón.

-Yo tengo más confianza en usted que en el presidente, le dijo. Además, tengo que hacer otros negocios de paso. Tengo algunos miles de francos y quiero colocarlos a fin de mes en papel. Según dicen, ese mecanismo bajará a fin de mes. ¿Entiende usted algo de esto?

-¡Pardiez! ¡ya lo creo! Y ¿cuántos miles de francos tendré que invertirle?

-Poca cosa para empezar. ¡Silencio! no quiero que se sepa nada. Me hará usted esa operación para fin de mes; pero no diga nada a los Cruchot, porque quiero marearlos. Ya que tiene usted que ir a París, veremos al mismo tiempo cómo están las cosas de mi sobrino.

-Entendido, marcharé mañana en la diligencia y vendré a que me dé usted instrucciones, dijo en voz alta de Grassins. ¿A qué hora?

-A las cinco, antes de comer, dijo el viñero frotándose las manos.

Los dos partidos enemigos permanecieron aún algunos instantes en la sala. Después de una pausa, de Grassins dijo dando golpecitos en la espalda a Grandet:

-¡Así me gustan los parientes!

-S... s... s... sí, y... y... Yo soy un un bu... bu... buen pa... pa... pa... riente, a... a... a... aunque no... no... no lo... lo... lo pa... pa... pa... rez... rez... ca. Yo quería a mi hermano, y lo probaré, s... s... s... si no... no me... me... me cu... cu... cuesta...

-Grandet, vamos a dejarle, le dijo el banquero interrumpiéndole felizmente antes de que acabase la frase. Como anticipo, mi viaje, tengo que arreglar algunos asuntos.

-Bi... bi... bien, bi... bi... bien. Pa... pa... pa... para a... a... a... rreglar lo... lo que... que usted sabe, yyy... yo ta... ta... ta... también voy a... a... a rrretirarme a... a... a mi... mi cuar... cuar... cuar... cuarto de... de de... de... de... li... li... be... be... ra... a... a... ciones, como dice el presidente Cruchot.

-¡Diablo! ya dejo de ser el señor de Bonfons, pensó tristemente el magistrado, cuya cara tomó la expresión de un juez que se aburre en una vista.

Los jefes de las dos familias rivales se fueron juntos. Ni los unos ni los otros pensaban ya en la traición que había hecho Grandet al país, y se sondaron mutuamente, aunque en vano, para conocer las verdaderas intenciones del avaro en la quiebra de su hermano.

-¿Vienen ustedes con nosotros a casa de la señora Dorsonval? dijo de Grassins al notario.

-Iremos más tarde, respondió el presidente. Si mi tío me lo permite, iremos primero a casa de la señorita de Gribeaucourt, a quien he prometido ir a saludar.

-Pues hasta la vista, señores, dijo la señora de Grassins.

Y cuando los de Grassins estuvieron a algunos pasos de los Cruchot, Adolfo dijo a su padre:

-Cómo se corroen, ¿eh?

-Cállate, hijo mío, le replicó su madre, que pueden oírnos. Además, lo que dices es de muy mal gusto y huele a universidad.

-¿Qué le parece a usted, tío? exclamó el magistrado cuando vio que los de Grassins no podían oírle. He empezado por ser el presidente Bonfons, y he acabado por ser sencillamente Un Cruchot.

-Ya he conocido que eso te contrariaría: pero el viento soplaba hoy para los Grassins. ¡Qué tonto eres a veces, a pesar de tu talento! Déjales que se fíen de un ¡Ya veremos! del padre Grandet, y tú estate tranquilo, que no por eso dejará Eugenia de ser tuya.

En pocos instantes, la noticia de la magnánima resolución de Grandet llegó a tres casas a la vez y no se habló ya en la villa más que de aquella abnegación fraternal. Todo el mundo perdonaba a Grandet la venta que había hecho faltando a la fe jurada a los propietarios, y admiraba su honor y alababa una generosidad de que nunca le hubieran creído capaz. Es muy propio del carácter francés el entusiasmarse, apasionarse o encolerizarse por el meteoro del momento, por las cosas de actualidad. ¿Es que carecerán acaso de memoria los seres colectivos y los pueblos?

Cuando el padre Grandet hubo cerrado la puerta, llamó a Nanón.

-No sueltes el perro y no duermas, que vamos a trabajar juntos. Cornoiller tiene que venir a las once con la tartana de Froidfond. Espérale, a fin de evitar que llame, y dile que entre muy despacio. Las leyes de policía prohíben hacer ruido de noche. Además, no hay necesidad de que los vecinos se enteren de mi salida.

Dicho esto, Grandet subió a su laboratorio, donde Nanón le oyó remover, registrar, ir y venir, pero con precaución. Indudablemente no quería despertar a su mujer ni a su hija, ni llamar la atención, sobre todo, de su sobrino, al que empezó a maldecir al ver que tenía una luz encendida. A media noche, Eugenia, preocupada por su primo, creyó oír la queja de un moribundo, y para ella, aquel moribundo era Carlos: ¡lo había dejado tan pálido y tan desesperado! ¡Quién sabe si se habría matado! De pronto, se puso una especie de manto con capuchón y quiso salir. Al principio, la viva claridad que penetraba por las rendijas de su cuarto le hizo temer el fuego; pero no tardó en tranquilizarse al oír los pasos de Nanón y su voz mezclada con el relincho de varios caballos.

-¿Se llevará papá a mi primo? se dijo Eugenia entreabriendo la puerta con precaución para que no chirriase, pero de manera que pudiese ver lo que pasaba en el corredor. De pronto, sus ojos se encontraron con los de su padre, cuya mirada, por vaga e indiferente que fuese, la heló de terror. El avaro y Nanón soportaban con sus respectivos hombros derechos los extremos de un garrote del que pendía un cable al que iba atado un barrilito, semejante a los que el padre Grandet se entretenía en hacer en sus ratos de ocio.

-¡Virgen santa, señor! ¡cómo pesa esto! dijo Nanón en voz baja.

-¡Lástima que no sea dinero! respondió Grandet. Ten cuidado no tires el candelero.

Esta escena estaba iluminada por una vela de sebo colocada entre dos balaustres del pasamano.

-Cornoiller, ¿has traído las pistolas? dijo Grandet a su guarda in partibus.

-No, señor. Pero ¿qué teme usted?

-¡Oh! nada, dijo el padre Grandet.

-Además, iremos a escape, pues sus inquilinos han escogido los mejores caballos.

-Bien, bien; no les habrás dicho adonde voy, ¿verdad?

-¡Si no lo sabía!

-Bien. ¿Es fuerte el coche?

-¿Esto, señor? ¡Ya lo creo! ¡llevaría tres mil como eso! ¿Qué pueden pesar esos malos barriles?

-¡Mecachis! dijo Nanón, bien lo sabo yo. Hay cerca de mil ochocientos.

-¿Quieres callarte, Nanón? Le dirás a mi mujer que he ido al campo y que estaré de vuelta a la hora de comer. ¡Hala, Cornoiller! ¡arrea! que hay que estar en Angers antes de las nueve.

El coche partió. Nanón echó el cerrojo a la puerta, soltó el perro, se acostó con el hombro acardenalado, y nadie en el barrio sospechó la marcha de Grandet ni el objeto de su viaje. La discreción del buen hombre era completa. Nadie vela nunca un céntimo en aquella casa llena de oro. Después de haber oído aquella mañana en el puerto que el oro había aumentado el doble de su valor a causa de los numerosos armamentos llevados a cabo en Nantes, y que algunos especuladores habían ido a Angers para adquirir moneda de oro, el anciano viñero pidió prestados caballos a sus inquilinos y se dispuso a ir a vender allí el suyo y a traer en billetes la suma necesaria para la compra del papel del Estado, después de haber obtenido una ganancia con aquella especulación.

-Mi padre se va, dijo Eugenia que lo había oído todo desde lo alto de la escalera.

El silencio se había restablecido en la casa, y el ruido del rodar del coche, que fue cesando por grados, no resonaba ya en Saumur. En este momento, Eugenia, antes de escucharlo con el oído, oyó en su corazón una queja que atravesó los tabiques y que salía del cuarto de su primo. Una línea luminosa, fina como el filo de un sable, pasaba por la rendija de la puerta y cortaba horizontalmente los balaustres de la carcomida escalera.

-¡Cómo sufre! dijo Eugenia subiendo dos peldaños.

Un segundo gemido hizo llegar a la joven hasta el descansillo de la escalera. La puerta estaba entreabierta, y Eugenia la empujó. Carlos dormía con la cabeza colgando fuera del viejo sofá; su mano había dejado caer la pluma y casi tocaba en tierra. La respiración sofocada que exigía la postura del joven asustó de pronto a Eugenia, la cual se apresuró a entrar.

-¡Qué cansado debe estar! se dijo la joven mirando unas diez cartas cerradas. Después leyó las siguientes direcciones: A los señores Farry Breilman y Compª: fabricantes de coches. Al señor Buisson, sastre; etc.

-Sin duda ha arreglado todos sus asuntos para marcharse fuera de Francia, pensó Eugenia.

Sus ojos se fijaron en dos cartas abiertas, una de las cuales empezaba con estas palabras: «Mi querida Anita...» que le causaron un deslumbramiento. El corazón de la enamorada palpitó, y Eugenia se quedó como si la hubieran clavado en el suelo.

-¡Su querida Anita! ¡ama, ama! ¡ya no hay esperanza! ¿Qué le dirá?

Estas ideas le atravesaron el corazón, y aquel «Querida Anita» lo veía Eugenia escrito en todas partes con letras de fuego.

-¡Renunciar ya a él! No, yo no debo leer esa carta. Debo marcharme... sin embargo, si la leyera...

La joven miró a Carlos, le cogió cuidadosamente la cabeza, se la apoyó en el respaldo del sofá y él la dejó obrar como el niño que conoce durmiendo a su madre y que recibe sin despertarse sus cuidados y sus besos. Como una madre, Eugenia levantó la mano que le colgaba, y como una madre le besó los cabellos. «Querida Anita...» Un demonio parecía gritarle estas palabras al oído.

-Ya sé que hago mal, pero voy a leer la carta.

Eugenia volvió la cabeza, pues su noble honradez se sublevó. Por la primera vez en su vida el bien y el mal luchaban en su corazón. Hasta entonces no había tenido que avergonzarse por ninguna acción. La pasión y la curiosidad pudieron más que ella. A cada frase que leía, su corazón palpitaba más, y el ardor picante que animó su vida durante aquella lectura contribuyó a hacerle más gratos los placeres del amor.

«Mi querida Anita: Nada podía separarnos, a no ser la desgracia que me anonada y que ningún ser humano podría prever. Mi padre se ha matado, y su fortuna y la mía están completamente perdidas. Quedo huérfano a una edad en que, por la clase de educación que he recibido, puedo pasar por un niño, y, sin embargo, debo levantarme siendo hombre del abismo en que he caído. Acabo de emplear una parte de la noche en hacer mis cálculos.

Quiero salir de Francia como hombre honrado, y, para ello, no hay duda, no me quedan ni cien francos para ir a buscar fortuna a las Indias o a América. Sí, Anita mía, iré a buscar fortuna a los climas más mortíferos. Según he oído decir, bajo aquellos cielos es segura y pronta. Me sería imposible quedar en París; ni mi alma ni mi cara están hechas para soportar las afrentas, la frialdad y el desprecio que esperan al hombre arruinado, al hijo del quebrado. ¡Dios mío! ¡deber dos millones! sería muerto en duelo la primera semana. Así es que no volveré a París. Ni tu amor, que es el más tierno y el más puro que jamás haya podido animar el corazón de un hombre, sería capaz de atraerme. ¡Ay de mí! amada mía, ni siquiera tengo el dinero bastante para ir adonde estás, a darte y a recibir un último beso, que me daría la fuerza necesaria para llevar a cabo mi empresa...»

-¡Pobre Carlos! he hecho bien en leer esta carta, yo tengo dinero y se lo daré, dijo Eugenia.

Y después de enjugarse las lágrimas, prosiguió la lectura.

«Yo no había pensado nunca en las desgracias de la miseria, y si me quedan los cien luises, indispensables para el pasaje, no tendré en cambio ni un céntimo para hacerme una pacotilla. Pero no; acaso no tenga cien luises; ni siquiera uno; pues no sé el dinero que me quedará hasta después de haber pagado mis deudas en París. Si no me queda nada, me iré tranquilamente Nantes, me embarcaré allí como simple marinero y empezaré como han empezado los hombres de energía que, habiendo salido de su patria sin un céntimo, vuelven ricos de las Indias.

Desde esta mañana he considerado fríamente mi porvenir, y veo que para mí, que he sido criado por una madre que me adoraba, mimado por el mejor de los padres y amado por una Ana, tiene que ser más horrible que para ningún otro. Yo no conocí más que las flores de la vida, y aquella dicha no podía durar. Sin embargo, Anita mía, tengo más valor del que tendría otro en mi caso, sobre todo si estuviese acostumbrado como yo a las caricias de la mujer más bonita de París a los mimos de una madre cariñosa y a ver satisfechos todos sus deseos por un padre amante. He reflexionado maduramente acerca de mi posición y acerca de la tuya. Anita querida, si para conservarme a tu lado en París sacrificases todos los goces que te proporciona tu lujo, su coste no bastaría aún para cubrir los gastos necesarios para mi vida, y yo, por otra parte, no podría aceptar tantos sacrificios. Nos separamos hoy pues, para siempre...»

-¡Virgen santa! la deja. ¡Oh dicha!

Eugenia saltó de alegría. Carlos hizo un movimiento, y su prima se sintió helada de espanto; pero afortunadamente para ella, no despertó pudiendo así proseguir la lectura.

«¿Cuándo volveré? No lo sé. El clima de las Indias envejece pronto al europeo, y sobre todo, al europeo que trabaja. Supongamos que venga dentro de diez años. Dentro de diez años tu hija tendrá diez y ocho, y será tu compañera, tu espía. Para ti el mundo habrá sido muy cruel, pero tu hija lo será aún más. Hemos visto en el mundo muchos ejemplos de esto: aprovechémonos de ellos. Guarda, como haré yo, en el fondo de tu alma, el recuerdo de estos cuatro años de dicha, y sé fiel, si puedes, a tu pobre amigo. Yo no puedo exigírtelo, porque mira, Anita querida, tengo que conformarme con mi posición y considerar la vida tal cual es. Tengo que pensar en mi matrimonio, que se convierte en una de las necesidades de mi nueva vida, y te confesaré que he encontrado aquí, en Saumur, en casa de mi tío, una prima cuyos modales, figura, corazón y talento te agradarían, y que, por otra parte, me parece que tiene...»

-Debía estar bien cansado para haber dejado de escribir, se dijo Eugenia al ver que dejaba sin acabar la frase.

¡Ella lo justificaba! ¿No era casi imposible que aquella inocente joven dejase de notar en aquel momento la frialdad que para ella encerraba aquella carta? Para las jóvenes educadas religiosamente, santas y puras, todo es amor cuando ponen los pies en las regiones encantadas del amor, y marchan por ellas rodeadas de la celestial luz que aquél proyecta y que envuelve con sus rayos a su amante. Los errores de la mujer provienen casi siempre de su creencia en el bien o de su desconfianza de la verdad. Para Eugenia, aquellas palabras: «Mi querida Anita, Amada mía», resonaban en su corazón como el más grato lenguaje del amor y le acariciaban el alma, como le acariciaban en su infancia el oído las palabras divinas del Venite adoremus, repetidas por el órgano.

Por otra parte, las lágrimas que bañaban aún los ojos de Carlos le demostraban esa nobleza de corazón que tanto seduce a las jóvenes. ¿Era ella capaz de adivinar que si Carlos amaba tanto a su padre y lo lloraba tanto, lo hacía más bien por la pérdida de las bondades paternas, que por el cariño que le tenía? Los señores Grandet, satisfaciendo siempre los menores caprichos de su hijo y procurándole todos los placeres de la fortuna, habían impedido que éste hiciese los horribles cálculos de que son más o menos culpables en París la mayor parte de los hijos cuando, en presencia de los goces parisienses, sienten deseos y conciben planes que ven con pena aplazados y retardados incesantemente por la vida de sus padres. La prodigalidad del padre llegó, pues, hasta el punto de engendrar un verdadero amor filial en el corazón de su hijo, un amor desinteresado.

Sin embargo, Carlos era un hijo de París, habituado por las costumbres de París y por Anita a calcularlo todo. Era un vicio con apariencias de joven, y había recibido la espantosa educación de ese mundo en que en una noche se cometen de pensamiento y de palabra más crímenes que los que castiga en un año la audiencia, en donde las buenas palabras asesinan las más grandes ideas, y en donde se pasa por hombre de mundo cuando se ve claro, entendiéndose allí que ver claro, es no creer en nada, ni en los sentimientos, ni en los hombres, ni hasta en los acontecimientos.

Allí, para ver claro, es preciso pesar todos los días la bolsa de un amigo, saber ponerse políticamente por encima de todo sin admirar las obras de arte ni las acciones nobles, y no tener más móvil que el interés personal. Después de mil locuras, la gran dama, la hermosa Anita, obligaba a Carlos a pensar gravemente, le hablaba de su posición futura pasándole por los cabellos su mano perfumada, y, al mismo tiempo que le arreglaba un rizo, le hacía calcular la vida: ella lo afeminaba y lo materializaba. ¡Doble corrupción! pero corrupción elegante y de buen gusto.

-¡Qué tonto es usted, Carlos! le decía a veces. Veo que me va a costar mucho trabajo enseñarle a conocer el mundo. Se ha portado usted mal con el señor de Lupeaulx. Ya sé que es un hombre poco honrado; pero espere usted a que no esté en el poder, y entonces lo despreciará a su antojo. ¿Sabe usted lo que nos decía la señora Campán? «Hijos míos, mientras un hombre esté en el poder, adoradle; pero, una vez que haya caído, ayudad a llevarle al muladar. Poderoso, es una especie de Dios; destruido, está por debajo de Marat en su sumidero, porque él vive, y Marat estaba muerto. La vida es una serie de combinaciones que es preciso estudiar y analizar para llegar a mantenerse siempre en buena posición».

Carlos era un hombre de demasiado mundo, y se había visto demasiado feliz y demasiado adulado para tener grandes sentimientos. El grano de oro que su madre le había dejado en el corazón se había perdido casi. Pero Carlos no tenía entonces más que veintiún años, y a esa edad la frescura de la vida parece ser inseparable del candor del alma. La voz, la mirada, la figura, parecen estar en armonía con los sentimientos. Así es que el juez más duro, el procurador más incrédulo y el usurero más empedernido llegan pocas veces a creer en la vejez del corazón y en la corrupción de las miradas cuando los ojos del hombre nadan aún en un fluido puro y cuando su frente no tiene aún arrugas.

Carlos no había tenido nunca ocasión de aplicar las máximas de la moral parisiense y hasta aquel día carecía en absoluto de experiencia; pero, sin saberlo, le había sido inoculado el egoísmo. Los gérmenes de la economía política empleados en París, latentes en su corazón, no podían tardar en florecer, tan pronto como se convirtiese de espectador ocioso en actor del drama de la vida real. Casi todas las jóvenes creen en las gratas promesas de un hermoso exterior: pero aunque Eugenia hubiese sido prudente y observadora como lo son algunas jóvenes de provincias, ¿hubiera podido desconfiar de su primo cuando sus modales, sus palabras y sus acciones estaban de acuerdo con las aspiraciones de su corazón?

Una casualidad, fatal para ella, le hizo ver las últimas efusiones de sinceridad verdadera que existían en el corazón de su primo y oír los últimos suspiros de su conciencia. Eugenia dejó, pues, aquella carta, que ella creyó llena de amor, y se puso a contemplar el sueño de su primo: las frescas ilusiones de la vida animaban aún aquel rostro, y Eugenia se juró a sí misma amarle siempre. Después fijó sus ojos en la otra carta, sin dar gran importancia a esta segunda indiscreción; y, si comenzó a leerla, lo hizo por adquirir nuevas pruebas de las nobles cualidades que ella atribuía, como todas las mujeres, al elegido de su corazón.

«Mi querido Alfonso: En el momento en que leas esta carta ya no tendré amigos:, pero te confieso que si he dudado de las gentes de mundo acostumbradas a prodigar esta palabra, no he dudado en lo más mínimo de tu amistad. Te encargo, pues, que arregles mis asuntos, y cuento contigo para sacar el mejor partido posible de lo poco que poseo.

En este momento te supongo enterado de mi situación. No me queda nada, y me propongo marchar para las Indias. Acabo de escribir a todas las personas a quienes creo deber algo, y te remito adjunta una lista de las mismas: mi biblioteca, mis muebles, mis coches, mis caballos, etc., supongo que bastarán para pagar mis deudas. No quiero reservarme más que las bagatelas sin valor, que podrán servirme para hacer mi pacotilla. Para hacer la venta, querido Alfonso, te enviaré de aquí un poder en forma, caso de que hubiera protestas. Remíteme únicamente las armas.

Brilón deseo que lo conserves como recuerdo, pues nadie querrá pagar lo que vale ese admirable animal, y prefiero ofrecértelo como anillo que lega un moribundo a su albacea testamentario. En casa de los Farry, Breilman. y Comp.ª acaban de hacerme un magnífico coche de viaje, pero como no me lo han entregado aún, mira a ver si puedes lograr que se lo queden sin pedirme indemnización. Le debo seis luises, que perdí en el juego, al insular. Espero que no dejarás de... »

-¡Pobre primo mío! dijo Eugenia dejando la carta y yéndose a su cuarto de puntillas con una de las bujías en la mano.

Una vez en él, abrió, no sin viva emoción de placer, el cajón de una antigua cómoda de encina, una de las obras más hermosas de la época llamada del Renacimiento, en la cual se veía aún la famosa salamandra real. Cuando hubo abierto el cajón, Eugenia sacó de él una bolsa de terciopelo rojo que provenía de la herencia de su abuela, y después se puso a sacar la olvidada cuenta de su pequeño peculio. Primeramente sacó veinte portuguesas, nuevas aún, acuñadas bajo el reinado de Juan V, en 1725., y que valían, según decía su padre, ciento sesenta y ocho francos y sesenta y cuatro céntimos cada una, pero cuyo valor convencional era de ciento ochenta francos, teniendo en cuenta la rareza y la belleza de las referidas monedas, que relucían como Soles. Item, cinco genovesas, o monedas de cien libras de Génova, moneda también muy rara, cuyo cambio estaba al ochenta y siete, pero por la cual daban cien francos los numismáticos. Éstas le provenían del anciano señor Bertelliere.

Item, tres cuádruplos de oro españoles de Felipe V, acuñados en 1729, y que le provenían de la señora Gentillet, la cual, al regalárselos, le decía siempre la misma frase: «Esta monedita amarilla vale noventa y seis francos; guárdala bien, hija mía, que será la flor de tu tesoro». Item, lo que su padre estimaba más, cien ducados de Holanda, acuñados el año 1756, y que valían doce francos cada uno (el oro de esta moneda estaba a veintitrés quilates y una fracción). Item, ¡una gran curiosidad! unas especies de medallas preciosas para los avaros, tres rupias con la Balanza, y cinco rupias con la Virgen, todas de oro puro de veinticuatro quilates, magnifica moneda del Gran Mogol, que tiene peso por valor de treinta y siete francos, pero que vale lo menos cincuenta para los entendedores. Item, el napoleón de cuarenta francos que había recibido la víspera y que había metido negligentemente en la bolsa.

Este tesoro contenía monedas completamente nuevas, verdaderas obras de arte, cuyo valor averiguaba el padre Grandet, y de cuya vista le gustaba disfrutar a veces, a fin de detallar a su hija sus virtudes intrínsecas, como la belleza del cordoncillo, el brillo del relieve y la riqueza de las letras, cuyas aristas no estaban aun rayadas.

Pero Eugenia no pensaba en estas rarezas, ni en las manías de su padre, ni en el peligro que tenía para ella el hecho de desprenderse de aquel tesoro que tanto apreciaba el autor de sus días, sino en su primo, y llegó, por fin, a comprender, después de algunos errores de cálculo, que poseía unos cinco mil ochocientos francos en valores reales, los cuales, convencionalmente, podían venderse por dos mil escudos. Al ver su riqueza, la joven se puso a saltar de alegría como una chiquilla. Aquel día, padre e hija habían contado su tesoro; él para ir a venderlo; Eugenia para arrojar el suyo a un océano de afecto. La joven volvió a colocar las monedas en la bolsa, la tomó y subió sin titubear. La secreta miseria de su primo le hacía olvidar la noche, las conveniencias, y, por otra parte, tenía la firme conciencia de sí misma, de su abnegación y de su dicha.

En el momento en que aparecía en el umbral de la puerta, llevando en una mano la vela y en la otra la bolsa, Carlos se despertó, vio a su prima y quedó embobado de sorpresa, Eugenia avanzó, colocó el candelero sobre la mesa, y le dijo con voz emocionada:

-Primo mío, voy a pedirle perdón por una falta grave que he cometido con usted, falta que Dios me perdonará, si usted quiere.

-¿Qué es ello? dijo Carlos frotándose los ojos.

-He leído estas dos cartas.

Carlos se puso rojo.

-¿Cómo he hecho esto? ¿por qué he subido? Ni yo misma lo sé. Pero estoy tentada a no arrepentirme de haber leído estas cartas, puesto que ellas me han hecho conocer el corazón de usted, su alma y...

-Y ¿qué más? preguntó Carlos.

-Y sus proyectos: la necesidad que tiene de dinero.

-Prima querida...

-¡Chits! ¡chits! no hable usted tan alto, no despertemos a nadie. Aquí tiene usted, dijo abriendo la bolsa, las economías de una pobre joven que no necesita nada. Carlos, acéptelas. Esta mañana ignoraba lo que valía el dinero, y usted me lo ha enseñado. Un primo es casi un hermano: bien puede usted, pues, aceptar los ahorros de su hermana.

Eugenia no había previsto las negativas, y su primo permanecía mudo.

-¡Cómo! ¿se niega usted a aceptarlas? preguntó Eugenia, cuyas palpitaciones resonaron en medio del profundo silencio que reinaba.

Las dudas de su primo la humillaron; pero al recordar la viva necesidad en que se encontraba Carlos, Eugenia hincó una rodilla en tierra y le dijo:

-No me levantaré de aquí hasta que haya aceptado usted este oro. Por favor, primo mío, una respuesta, que sepa si usted me honra, si es usted generoso, si...

Al oír estas explicaciones, Carlos cogió por las manos a su prima para impedir que se arrodillase, y las bañó con sus lágrimas. Eugenia, al ver esto, tomó la bolsa, la vació sobre la mesa y le dijo, llorando de alegría:

-Lo acepta usted, ¿verdad, No tema nada, primo mío, usted será rico. Este oro le dará buena suerte, y día llegará en que podrá devolvérmelo. Además, podemos asociarnos; en fin, con tal que usted lo tome, acepto todas las condiciones que me imponga. Pero no debía usted dar tanta importancia a tan poca cosa.

Carlos pudo, al fin, expresar sus sentimientos.

-Sí, Eugenia, tendría que tener el alma muy pequeña si no aceptase sus ofertas. Sin embargo, confianza por confianza.

-¿Qué quiere usted? le dijo la joven asustada.

-Escuche prima mía, tengo aquí... , y se interrumpió para mostrar una cajita cuadrada con estuche de cuero que había sobre la cómoda, tengo aquí, repito, una cosa que aprecio tanto como mi vida. Esa cajita es un regalo de mi madre. Esta mañana pensaba que si ella pudiese salir de su tumba se apresuraría a vender el oro que su ternura le hizo prodigar en ese neceser, pero, hecha por mí, esa profanación me parecería un sacrilegio.

Al oír estas últimas palabras, Eugenia estrechó convulsivamente la mano de su primo.

-No, repuso Carlos después de una pausa, durante la cual se dirigieron los dos primos una mirada velada por las lágrimas; no, no quiero destruirlo ni aventurarlo en mis viajes. Querida Eugenia, usted será la depositaria. Jamás amigo alguno habrá confiado a otro una cosa más sagrada. Juzgue usted misma.

Y tomando la cajita, la sacó del estuche, la abrió y se la enseñó tristemente a su prima, que quedó maravillada al ver un neceser en que el trabajo daba al oro un valor muy superior al de su peso.

-Esto que usted admira no es nada, dijo Carlos apretando un botón, que puso al descubierto un doble fondo; he aquí lo que vale para mí más que el mundo entero.

Y esto diciendo, sacó dos retratos, dos obras maestras de la señora Mirbel, ricamente rodeados de perlas.

-¡Oh! ¡qué mujer más hermosa! ¿Es a esta a la que usted le escribe?

-No, dijo Carlos sonriéndose, esta mujer es mi madre, y este mi padre. Eugenia, yo tendría que suplicarle de rodillas que me guardase este tesoro. Si yo pereciese y perdiese su fortunita, esta alhaja la indemnizaría a usted. A usted sola puedo dejar estos dos retratos, pues usted es digna de conservarlos; pero destrúyalos antes de que puedan pasar a otras manos...

Eugenia guardaba silencio.

-Acepta usted mi encargo, ¿verdad? añadió el joven con gracia:

Al oír que su primo repetía las palabras que ella acababa de decirle, Eugenia le dirigió su primera mirada de mujer amante, una de esas miradas que encierran tanta coquetería como profundidad, y Carlos, al observarlo, le tomó las manos y se las besó.

-¡Ángel de pureza! Entre nosotros el dinero no será nunca nada, ¿verdad? En lo sucesivo, los sentimientos serán para nosotros lo principal.

-Se parece usted a su madre. ¿Tenía ella la voz tan dulce como usted?

-¡Oh! ¡mucho más!

-Sí, para usted, dijo Eugenia bajando los ojos. Vamos, Carlos, acuéstese que está muy cansado, yo lo quiero. ¡Hasta mañana!

Y esto diciendo, la joven tomó por la mano a su primo, el cual la acompañó hasta la puerta de su cuarto para alumbrarle. Cuando llegaron al dintel, Carlos le dijo:

-¡Ah! ¡por qué estaré arruinado!

-¡Bah! No importa, yo creo que mi padre es rico, respondió Eugenia.

-¡Pobre niña! dijo Carlos apoyándose en pared del cuarto; si fuese rico, no hubiera dejado morir al mío, y ustedes vivirían con mayor lujo del que viven.

-Pero ¡si es suyo Froidfond!

-Y ¿qué vale Froidfond?

-No lo sé, Carlos; pero es suyo también Noyers.

-Alguna mala quinta.

-Y viñas, y prados...

-¡Miserias! dijo Carlos con aire displicente. Si su padre tuviese solamente veinticuatro mil francos de renta, no habitaría esta casa fría y húmeda.

-Vaya usted a dormir, dijo Eugenia para pedir que su primo entrase en su desordenado cuarto.

Carlos se retiró, y ambos se despidieron con una mutua sonrisa.

Uno y otro durmieron con el mismo sueño, Carlos empezó desde entonces a cubrir con algunas rosas su duelo.

Al día siguiente por la mañana, antes de almorzar, la señora Grandet encontró a su hija paseándose en compañía de Carlos. Éste estaba triste aún, como debía estarlo un desgraciado que comprendía toda la negrura que encerraba su porvenir.

-Papá no vendrá hasta la hora de la comida, dijo Eugenia viendo pintada la inquietud en el rostro de su madre.

En la cara y en los modales de Eugenia y en la singular dulzura que adquirió su voz era fácil ver una conformidad de pensamiento entre ella y su primo. Sus almas se habían enlazado ardientemente antes de haber experimentado la fuerza de los sentimientos que les unían.

Carlos permaneció en la sala, y su melancolía fue respetada; las tres mujeres tenían bastante en que ocuparse, pues como Grandet había abandonado por aquel día sus negocios, se presentó infinidad de gente: el trastejador, el hojalatero, el albañil, los jornaleros, el carpintero, los colonos, que iban, los unos a ajustar sus trabajos, y los otros a pagar su alquiler o a recibir dinero. La señora Grandet y Eugenia se vieron, pues, obligadas a ir y a venir, respondiendo a las interminables preguntas de los obreros y de los campesinos.

Nanón transportaba los productos a la cocina y esperaba las órdenes de su amo para saber lo que se había de guardar para la casa y lo que había que llevar al mercado. El avaro acostumbraba a guardar el vino malo y las frutas malas para él y a llevar las buenas a vender.

A eso de las cinco de la tarde, Grandet volvió de Angers, habiendo ganado catorce mil francos con el cambio del oro y llevando ya en su cartera el papel del Estado que le produciría interés hasta el día que tuviera que pagar los impuestos. Había dejado a Cornoiller en Angers para que cuidase los caballos, que estaban medio reventados, y los trajese despacio, después de haberles dado descanso.

-Vengo de Angers, y traigo hambre.

-¿Es que no ha comido usted nada desde ayer? le gritó Nanón desde la cocina.

-Absolutamente nada, respondió el avaro.

Nanón sirvió la sopa. En el momento en que la familia estaba en la mesa y cuando el padre Grandet no había visto aún siquiera a su sobrino, de Grassins se presentó para recibir órdenes de su cliente.

-¡Coma usted tranquilamente, Grandet! le dijo el banquero, que hay tiempo para hablar. ¿Sabe a cómo está el oro en Angers, donde hay multitud de especuladores que quieren llevárselo a Nantes? Yo voy a enviar allí.

-No, no envíe usted, dijo Grandet, que ya hay bastante. Somos demasiado amigos para no ahorrarle el viaje.

-¡Pero si el oro gana allí trece francos cincuenta!

-Diga usted ganaba.

-Pero ¿de dónde diablo ha ido tanto oro?

-Esta noche he estado yo en Angers, le respondió Grandet en voz baja.

El banquero quedó estupefacto un momento, y después entabló en voz baja una conversación con Grandet, durante la cual ambos miraron varias veces a Carlos. En el momento en que el antiguo tonelero dijo al banquero que le comprase por valor de cien mil francos de renta, de Grassins hizo involuntariamente un gesto de asombro.

-Señor Grandet, dijo de Grassins a Carlos, voy a París, y si se le ocurre a usted alguna cosa...

-Nada, señor, muchas gracias, respondió Carlos.

-Sobrino mío, ya puede usted estarle agradecido; este señor va a arreglar los asuntos de la casa Guillermo Grandet.

-¿Hay acaso alguna esperanza? preguntó Carlos.

-¿Por ventura no es usted sobrino mío? exclamó el tonelero con fingido orgullo. Su honor es el nuestro. ¿No se llama usted Grandet?

Carlos se levantó, abrazó al padre Grandet, lo besó, palideció y se fue. Eugenia contemplaba a su padre con admiración.

-Bueno, adiós, mi buen de Grassins; a ver si ajusta usted bien las cuentas a esa buena gente.

Los dos diplomáticos se dieron un apretón de manos; el antiguo tonelero acompañó al banquero hasta la puerta, y después de haberla cerrado, volvió a la sala, y, sentándose en su sofá, le dijo a su criada:

-Nanón, trae el casis.

Pero como estaba demasiado emocionado para permanecer quieto, se levantó, miró el retrato del señor de la Bertelliere, y se puso a cantar, haciendo lo que Nanón llamaba pasos de danza:

A la Habana me voy,
te lo vengo a decir...

Nanón, la señora Grandet y Eugenia se examinaron mutuamente en silencio. Cuando la alegría del viñero llegaba a su apogeo, les asombraba. La velada duró muy poco; en primer lugar, porque el padre Grandet quiso acostarse temprano, y cuando él se acostaba todo el mundo debía irse a dormir, y además, porque Nanón, Eugenia y Carlos no estaban menos cansados que él. Respecto a la señora Grandet, la pobre comía, bebía y andaba con arreglo a los deseos de su marido. Sin embargo, durante las dos horas concedidas a la digestión, el tonelero, que estaba más ocurrente que nunca, dijo alguno de sus apotegmas propios, uno de los cuales bastará para dar idea de su gracia. Cuando acabó de beber el casis, miró la copa, y dijo:

-Aun no ha puesto uno los labios en la copa, cuando ya está vacía: esta es nuestra historia. No se puede ser y haber sido. Los escudos no pueden rodar y permanecer en nuestra bolsa, pues de otro modo la vida sería demasiado hermosa.

El avaro estuvo jovial y clemente, y cuando Nanón se presentó con la rueca, le dijo:

-Debes estar ya cansada; deja el cáñamo.

-¡Mecachis! ¿para qué? me aburriría, respondió la criada.

-¡Pobre Nanón! ¿Quieres beber una copita de casis?

-¡Ah! tratándose del casis, no digo nunca que no; la señora le hace mejor que los boticarios; el que ellos venden es una droga.

-Sí, ponen demasiado azúcar y no sabe a nada, dijo Grandet.

Al día siguiente, la familia, reunida a las ocho para almorzar, ofrecía el cuadro de una intimidad positiva. La desgracia no tardó en poner de acuerdo a la señora Grandet, a Eugenia y a Carlos, con los cuales simpatizaba también Nanón sin saberlo. Estos cuatro seres comenzaron a constituir una misma familia. Respecto al viñero, como estaba satisfecha su avaricia y tenía la seguridad de ver marchar bien pronto a su sobrino sin tener que pagarle más que su viaje a Nantes, su presencia en la casa llegó a serle indiferente.

El avaro dejó a los dos niños, como él llamaba a Carlos y a Eugenia, en completa libertad para obrar como mejor les pareciese, bajo la vigilancia de la señora Grandet, en la cual tenía completa confianza en todo lo concerniente a la moral pública y religiosa. El allanamiento y abono de sus praderas, sus plantaciones de álamos a orillas del Loire y los trabajos de invierno en sus cercados y en Froidfond, le ocuparon exclusivamente.

Desde entonces empezó para Eugenia la primavera del amor. Desde la escena de la noche en que la prima había dado su tesoro al primo, el corazón había acompañado al tesoro. Cómplices ambos de un mismo pensamiento, se miraban expresando una mutua inteligencia que aumentaba sus sentimientos y los hacía comunes y más íntimos, poniendo, por decirlo así, a los dos jóvenes fuera de la vida ordinaria. ¿No les autorizaba el parentesco para emplear cierta dulzura en el acento y cierta ternura en las miradas? Eugenia se complació en adormecer los sufrimientos de su primo mediante los goces infantiles de un amor naciente.

¿No hay cierta graciosa semejanza entre los principios del amor y de la vida? ¿No se mece al niño con dulces cantos y cariñosas miradas? ¿No se le cuentan historias maravillosas que le doran el porvenir? ¿No despliega para él incesantemente la esperanza sus radiantes alas? No derrama el niño sucesivamente lágrimas de alegría, y de amor ¿No disputa por insignificancias, por chinitas con las cuales intenta construirse un frágil palacio, y por ramos de flores que olvida cuando apenas le han sido entregados? ¿No esta ávido por ver transcurrir el tiempo y por avanzar en la vida? El amor es nuestra segunda transformación.

La infancia y el amor fueron una misma cosa para Eugenia y Carlos: su amor fue la pasión primera con todas sus puerilidades, tanto más gratas para sus corazones cuanto que estaban impregnadas de melancolía. Agitándose al nacer bajo las gasas del luto, aquel amor no dejaba de estar en armonía con la sencillez provinciana de aquella casa ruinosa. Cambiando algunas palabras con su prima a la vera del pozo, en aquel silencioso patio; permaneciendo en aquel jardinito sentados en un banco musgoso hasta la hora en que el sol se ponía, ocupados en decirse naderías, o sumidos en la calma que reinaba entre los muros y la casa, como se está bajo las bóvedas de una iglesia, Carlos comprendió la santidad del amor, pues su gran dama, su querida Anita, no le había hecho conocer más que sus terribles tormentas. En aquel momento el joven dejaba la pasión parisiense, coqueta y vanidosa, por el amor puro y verdadero.

Amaba aquella casa, cuyas costumbres no le parecieron ya ridículas; salía de su cuarto por las mañanas a fin de poder hablar con Eugenia algunos instantes, antes de que Grandet se presentase, y, cuando los pasos del avaro resonaban en la escalera, se escapaba al jardín. La pequeña criminalidad de aquella cita matinal, que la madre de Eugenia ignoraba y que Nanón fingía no notar, imprimía al amor más inocente del mundo la vivacidad de los placeres prohibidos.

Más tarde, cuando, después del almuerzo, el padre Grandet salía para ir a ver sus propiedades y vigilar a los jornaleros, Carlos permanecía entre la madre y la hija, experimentando desconocidas delicias ayudándoles a devanar el hilo, viéndolas trabajar y oyéndolas charlar. La sencillez de aquella vida casi monástica que le reveló la sencillez de aquellas almas que desconocían el mundo, le conmovió vivamente.

Carlos creía que aquellas costumbres eran imposibles en Francia, y no admitía su existencia mas que en Alemania, si bien fabulosamente, y como las describían las novelas de Augusto La Fontaine. Eugenia no tardó en convertirse para él en el ideal de la Margarita de Goethe, pero sin haber cometido la falta. Por fin, de día en día, sus miradas y sus palabras enamoraron locamente a la joven, que se dejó llevar de la deliciosa corriente del amor, y Eugenia se agarraba a su felicidad como se agarra un nadador a la rama de sauce para salir del río y reposar en la orilla. Los pesares de una próxima ausencia, ¿no entristecían ya las horas más gozosas de aquellos fugitivos días? Cada día, el más pequeño acontecimiento les recordaba la próxima separación.

Tres días después de la marcha de Grassins, Carlos fue llevado por su tío al juzgado de primera instancia, con la solemnidad que los provincianos emplean en tales actos, para firmar allí una renuncia a la herencia de su padre. ¡Terrible repudiación! ¡especie de apostasía doméstica! El joven fue después a casa de maese Cruchot a hacer dos poderes, el uno a favor de Grassins y el otro a favor del amigo a quien había encargado que vendiese su mobiliario.

Acto continuo fue necesario dar los primeros pasos para obtener un pasaporte para el extranjero. Por fin, cuando llegaron los sencillos trajes de luto que Carlos había encargado a París, éste llamó a un sastre de Saumur para venderle su inútil ajuar. Este acto agradó extraordinariamente al padre Grandet.

-¡Ah! heos ya como un hombre que debe embarcarse y que quiere hacer fortuna, le dijo al verlo vestido con una levita de grueso paño negro. Bien, así me gusta.

-Señor, le respondió Carlos, ya comprenderá usted que no soy tan tonto para no darme cuenta de mi situación.

-¿Qué es eso? dijo el avaro cuyos ojos se animaron al ver que Carlos le enseñaba un puñado de oro.

-Tío, he reunido los botones, los anillos y todas las superfluidades que poseo y que pudiesen tener algún valor; pero como no conozco a nadie en Saumur, quería rogarle que...

-¿Que le compre a usted eso? dijo Grandet interrumpiéndole.

-No, tío, que me indique usted un hombre que..

-Deme usted eso, sobrino, yo iré a mi cuarto a pesarlo y, céntimo más, céntimo menos, le diré lo que vale. ¡Oro de alhajas! dijo examinando una gran cadena, de diez y ocho a diez y nueve quilates.

Grandet tendió su ancha mano y se llevó el puñado de oro.

-Prima, dijo Carlos, permítame usted que le ofrezca estos dos botones que podrán servirle para ponerse unas cintas en las muñecas. Con ellos puede usted hacer un brazalete, que está ahora muy de moda.

-Primo, acepto sin titubear, le dijo Eugenia dirigiéndole una mirada de inteligencia.

-Tía querida, aquí tiene usted el dedal de mi madre que yo guardaba religiosamente, dijo Carlos ofreciendo un bonito dedal de oro a la señora Grandet, que hacía más de diez años que deseaba tener uno.

-Sobrino, no tengo palabras bastantes para expresarle mi agradecimiento, dijo la anciana madre, cuyos ojos se llenaron de lágrimas.. Mañana y tarde, a mis oraciones por los caminantes, añadiré una especial para usted. Si yo muriese, Eugenia conservará esta alhaja.

-Esto vale novecientos ochenta y siete francos y setenta y cinco céntimos, sobrino mío, dijo Grandet abriendo la puerta. Pero para ahorrarle el trabajo de vender esto, yo se lo abonaré a usted... en libras.

En el litoral del Loire, decir en libras, significa que los escudos de seis libras deben ser aceptados por seis francos sin deducción.

-Aunque me repugnaba vender mis alhajas en el pueblo que usted habita, no me atrevía a proponerle a usted eso, respondió Carlos. Napoleón decía que la ropa sucia debe lavarse en casa. Le doy a usted, pues, las gracias por su complacencia,

Grandet se rascó la oreja, y todo el mundo guardó silencio por algunos instantes.

-Tío, dijo Carlos mirándole con aire inquieto, como si temiese herir su susceptibilidad, mi tía y mi prima me han hecho el favor de aceptar un pequeño recuerdo mío; dígnese usted también aceptar estos gemelos que me son inútiles, que le recordarán a un pobre muchacho que, lejos de ustedes, no ha de olvidar ciertamente a los que constituyen su única familia.

-Muchacho, muchacho, no hay que ser tan pródigo... ¿Qué te ha dado a ti, mujer mía? dijo volviéndose con avidez hacia su mujer. ¿Y tú, hijita? ¡Calla! ¡unos broches de diamantes! Vamos, acepto tus gemelos, hijo mío, repuso estrechando la mano a Carlos. Pero... tú me permitirás que... te pague... sí, tu pasaje a las Indias. Sí, qué diablo, quiero pagarte el pasaje... Tanto más, hijo mío, cuanto que, mira, estimando tus alhajas, no he estimado más que el oro en bruto, y acaso se pueda sacar algo del trabajo. ¡Ea! ya está dicho, Te daré mil quinientos francos... en libras, que Cruchot me prestará, porque en casa no tengo un céntimo, a menos que Perrotet, que se ha atrasado en el alquiler, no venga a pagarme. Mira, ahora mismo voy a verle.

Y tomando el sombrero y los guantes se marchó.

-De modo que se marcha usted, dijo Eugenia a Carlos dirigiéndole una mirada mezclada de tristeza y de admiración.

-No hay más remedio, respondió el joven bajando la cabeza.

Al cabo de algunos días, la actitud, las palabras Y los modales de Carlos se habían convertido en las de un hombre profundamente afligido, pero que, comprendiendo que pesaban sobre él inmensas obligaciones, procura sacar fuerzas de flaqueza. Ya no suspiraba, se había hecho hombre; así es que Eugenia nunca juzgó mejor el carácter de su primo que cuando le vio bajar con sus ropas de tosco paño negro, que sentaban admirablemente a su cara pálida y a su sombría actitud. Aquel día las dos mujeres se pusieron de luto y asistieron con Carlos a un

Requiem celebrado en la parroquia por el alma del difunto Guillermo Grandet.

Al mediodía, Carlos recibió cartas de París y las leyó.

-Y bien, Carlos, ¿está usted contento de sus negocios? le dijo Eugenia en voz baja.

-No hagas nunca esas preguntas, hija mía, observó Grandet. ¡Qué diablo! yo, que soy tu padre, no te doy cuenta de mis negocios, ¿y vas a enterarte de los de tu primo? Deja a ese muchacho.

-¡Oh! yo no tengo secretos, dijo Carlos.

-Ta, ta, ta, ta. Sobrino mío, ya aprenderás con el tiempo que en cuestión de negocios hay que saber tener la lengua.

Cuando los dos amantes estuvieron solos en el jardín, Carlos dijo a Eugenia llevándola hacia el banco que estaba debajo del nogal y tomando allí asiento:

-No me había engañado respecto a Alfonso. Se ha portado muy bien y ha dirigido mis asuntos con prudencia y lealtad. No debo nda a nadie en París: todos mis muebles han sido vendidos, Y me comunica que, por consejo de un capitán mercante, ha empleado tres mil francos que le quedaban en una pacotilla de curiosidades europeas, de las cuales se saca un gran partido en las Indias. Ha facturado mis fardos para Nantes, donde hay un buque mercante próximo a partir para Java. Eugenia, dentro de cinco días tendré que decirle a usted adiós, sino para siempre, al menos por muchos años. Prima mía, no una su vida feliz a la mía azarosa; acaso se le presente a usted un buen partido.

-¿Me ama usted? le dijo Eugenia interrumpiéndole.

-¡Oh! sí, mucho, le respondió Carlos con sincero acento que revelaba la profundidad de sus sentimientos.

-Pues le esperaré, Carlos. ¡Dios mío! mi padre está en la ventana, dijo la joven rechazando a su primo, que se aproximaba para besarla.

Eugenia se escapó a la bóveda de entrada y Carlos la siguió. Al ver que la seguía, Eugenia subió precipitadamente la escalera y se fue al lugar más obscuro del pasillo, al lado del chiribitil de Nanón, donde Carlos la alcanzó, y, tomándole una mano, la cogió por el talle y la estrechó fuertemente contra su corazón. Eugenia no resistió ya, y recibió y dio el más puro, el más suave, así como también el más franco de los besos.

-Eugenia querida, un primo es mejor que un hermano, porque puede casarse contigo, le dijo Carlos.

-¡Así sea! gritó Nanón abriendo la puerta de su chiribitil.

Los dos amantes, asustados, echaron a correr a la sala, donde Eugenia reanudó su labor y donde Carlos se puso a leer las letanías de la Virgen en el devocionario de la señora Grandet.

-¡Mecachis! dijo Nanón, veo que todos estamos haciendo nuestras oraciones.

Tan pronto como Carlos anunció su partida, Grandet se puso en movimiento para hacer creer que se tomaba gran interés por él, se mostró liberal en todo lo que no costaba nada, se encargó de buscarle un embalador y, so pretexto de que aquel hombre quería vender las cajas demasiado caras, se empeño en hacerlas él mismo de las viejas; se levantó muy de mañana para cepillar, ajustar, clavar maderas y confeccionar unos hermosos cajones en los que embaló todos los efectos de Carlos. Después se encargó de asegurárselos y remitírselos en tiempo oportuno a Nantes.

Desde que había recibido el beso en el pasillo, las horas pasaban para Eugenia con espantosa rapidez. A veces, quería seguir a su primo. El que haya sentido una pasión pura, esa pasión cuya duración aumenta con el tiempo como una enfermedad mortal o como alguna otra fatalidad humana, comprenderá los tormentos de Eugenia, la cual lloraba a veces paseándose por el jardín, que le parecía demasiado estrecho para ella, así como el patio, la casa y la villa entera: la joven se trasladó de antemano a la vasta extensión de los mares.

Por fin, llegó la víspera de la marcha. Por la mañana, aprovechando la ausencia de Grandet y de Nanón, el precioso cofre que contenía los dos retratos fue solemnemente instalado en el único cajón del armario que se cerraba con llave, cajón donde yacía en aquel momento la bolsa vacía. La entrega de aquel tesoro no se llevó a cabo sin buen número de besos y de lágrimas. Cuando Eugenia se metió la llave en el seno, no tuvo valor para prohibirle a Carlos que besase el lugar que aquélla ocupaba.

-Nunca saldrá de aquí amigo mío.

-Pues bien, mi corazón estará también ahí siempre.

-¡Ah! Carlos, eso no está bien, dijo Eugenia con acento de reproche.

-¿No estamos ya casados? respondió el joven. Yo tengo tu palabra, y tú tienes la mía.

-¡Tuyo para siempre! repitieron los dos enamorados.

Ninguna promesa hecha en la tierra fue más pura que aquella.

Al día siguiente por la mañana el almuerzo fue triste, y a pesar de la bata de oro y de la crucecita que Carlos regaló a Nanón, ésta no pudo menos de llorar.

-¡Pobre señorito, que tiene que pasar la mar!... ¡Qué Dios le acompañe!

A las diez y media, la familia se puso en marcha para acompañar a Carlos hasta la diligencia de Nantes. Nanón había soltado el perro y cerrado la puerta y quiso llevar la maleta de Carlos. Todos los tenderos de la vieja calle estaban en el umbral de sus puertas para ver pasar aquel cortejo, al que se unió en la plaza el notario Cruchot.

-No vayas a llorar, Eugenia, le dijo su madre.

-Sobrino mío, dijo Grandet cuando llegaron al coche, besando a Carlos, se va usted pobre, pero trabaje y vuelva rico, que encontrará salvo el honor de su padre. Yo, Grandet, le respondo de ello, y entonces, sólo de usted dependerá...

-¡Ah! tío mío, usted dulcifica la amargura de mi marcha. ¿No es ese el mejor regalo que podía usted hacerme.

Sin comprender las palabras del antiguo tonelero, a quien había interrumpido, Carlos bañó con lágrimas de agradecimiento el rostro de su tío, mientras que Eugenia estrechaba con todas sus fuerzas la mano de su primo y la de su padre. El notario era el único que sonreía, admirando la astucia de Grandet, pues él era el único que conocía a fondo al avaro. Los cuatro acompañantes, rodeados de varias personas, permanecieron al lado del coche hasta que partió, y una vez que éste hubo desaparecido y dejó de oírse el ruido de sus ruedas, el viñero dijo:

-¡Buen viaje!

Afortunadamente, maese Cruchot fue el único que oyó esta exclamación. Eugenia y su madre habían ido a un lugar desde donde se veía aún la diligencia y agitaban sus pañuelos blancos, a los que respondió Carlos agitando el suyo.

-Madre mía, quisiera tener por un momento el poder de Dios, dijo Eugenia en el momento en que dejó de ver el pañuelo de Carlos.

Para no interrumpir el curso de los acontecimientos que pasaron en el seno de la familia Grandet, es necesario dirigir antes una ojeada a las operaciones que el avaro hizo en Paris por mediación de la familia de Grassins.

Un mes después de la marcha del banquero, Grandet poseía una inscripción de cien mil francos de renta que fueron adquiridos al ochenta. Los datos que se adquirieron a su muerte por el inventario, no han arrojado ninguna luz acerca de los medios que su desconfianza le sugirió para adquirir el dinero de la inscripción.

Maese Cruchot pensó que Nanón habría sido, sin saberlo, el instrumento fiel del transporte de los fondos. Por aquella época, la criada estuvo ausente cinco días, so pretexto de ir a arreglar algunas cosas a Froidfond. En lo concerniente a los asuntos de la casa Guillermo Grandet, todas las previsiones del tonelero se realizaron.

Como todo el mundo sabe, en el Banco de Francia existen exactos informes acerca de todas las grandes fortunas de Paris y de los departamentos. Los nombres de Grassins y de Félix Grandet, de Saumur, eran allí conocidos y gozaban de la estimación de que gozan las celebridades financieras que poseen inmensas propiedades territoriales libres de hipotecas.

La llegada del banquero de Saumur, encargado de liquidar por honor las deudas de la casa Grandet, de París, bastó, pues, para evitar la vergüenza de los protestos. El levantamiento de los sellos se hizo en presencia de los acreedores, y el notario de la familia procedió regularmente a hacer el inventario de la herencia.

Grassins no tardó en reunir a los acreedores, que lo eligieron por unanimidad liquidador, en unión de Francisco Keller, jefe de una gran casa de banca y uno de los principales interesados, y le confiaron los poderes necesarios para salvar a la vez el honor de la familia y los créditos. El crédito de Grandet, de Saumur, y la esperanza que dio a los acreedores, por mediación de Grassins, de que cobrarían, facilitaron las transacciones, y no se encontró ningún intransigente entre los acreedores. Nadie pensó en ceder su crédito con pérdida, y todo el mundo decía:

-¡El Grandet, de Saumur, pagará!

Seis meses transcurrieron de este modo, y los parisienses habían recogido los efectos en circulación y los conservaban en cartera. Este era el primer resultado que quería obtener el tonelero.

Nueve meses, después de la primera reunión de acreedores, los dos liquidadores distribuyeron el cuarenta y siete por ciento a cada uno. Esta suma fue obtenida mediante la venta de los valores, bienes y propiedades que pertenecían al difunto Guillermo Grandet, venta que fue hecha con escrupulosa fidelidad. Aquella liquidación fue llevada a cabo con la más absoluta probidad, y los acreedores se complacieron en reconocer el admirable e incontestable honor de los Grandet. Cuando estas alabanzas hubieron circulado convenientemente, los acreedores pidieron el resto de sus créditos mediante una carta que escribieron en colectividad a Grandet.

-Esto marcha bien, dijo el antiguo tonelero arrojando la carta al fuego. ¡Paciencia, amigos míos!

En contestación a las proposiciones contenidas en aquella carta, Grandet, de Saumur, exigió el depósito de todos los títulos de crédito existentes contra la herencia de su hermano, acompañándolos de un recibo de los pagos hechos ya, bajo pretexto de liquidar las cuentas y establecer correctamente el estado de la herencia. Este depósito originó mil dificultades. Generalmente, el acreedor es una especie de maniático. Hoy se presta a transigir, mañana lo quiere llevar todo a sangre y fuego, y más tarde se vuelve excesivamente bondadoso. Hoy, su mujer está de buen humor, su hijo menor ha echado los dientes, todo va bien en su casa y no quiere perder ni un céntimo; mañana llueve, no puede salir, está melancólico y dice que sí a todas las proposiciones que puedan poner fin a un asunto; dos días después, exige garantías, y, a fin de mes, quiere citaros, ¡pide, en fin, el verdugo! Grandet conocía las variaciones atmosféricas de los acreedores, y los de su hermano obedecieron en un todo a sus cálculos. Los unos se enfadaron y se negaron rotundamente a hacer el depósito.

-¡Bueno, esto va bien! decía Grandet frotándose las manos, después de leer las cartas que de Grassins le escribía respecto a este punto.

Algunos acreedores no consintieron en el dicho depósito a no ser con la condición de hacer constar bien sus derechos, reservándose el de hacer declarar la quiebra. Nueva correspondencia, después de la cual Grandet consintió en todas las garantías exigidas. Una vez hecha esta concesión, los acreedores benignos lograron convencer a los más duros, y el depósito se llevó a cabo, no sin sordas quejas.

—¡Ese hombre se burla de usted y de nosotros!, le decían a Grassins.

Veintitrés meses después de la muerte de Guillermo Grandet, muchos comerciantes, engolfados en el movimiento de los negocios de París, habían olvidado sus créditos Grandet, o sólo pensaban en ellos para decirse:

—Empiezo a creer que el cuarenta y siete por ciento será lo único que sacaré de eso.

Grandet había contado con el poder del tiempo, que, según decía el, es un diablillo. Al final del tercer año, de Grassins escribió a Grandet diciéndole que, mediante el pago del diez por ciento de los dos millones cuatrocientos mil francos que importaban el resto de la deuda de la casa Grandet, había logrado que los acreedores renunciasen a sus créditos.

Grandet respondió que el notario y el agente de bolsa, cuyas quiebras habían causado la muerte de su hermano, vivían, y que, como ellos serían ya acaso solventes, era preciso demandarlos, a fin de sacarles algo y disminuir la cifra del déficit. Al final del cuarto año, el déficit quedó fijado en la suma de un millón doscientos mil francos, y transcurrieron seis meses en negociaciones entre los liquidadores y los acreedores, y entre Grandet y los liquidadores.

En una palabra, que Grandet, viéndose ya obligado a hacer algo, y no teniendo salida, respondió a los liquidadores que su sobrino, que había hecho fortuna en las Indias, le había manifestado intenciones de pagar íntegramente las deudas de su padre; que él no podía pagar sin haberle consultado, y que esperaba respuesta. A mediados del quinto año, los acreedores estaban, aunque en jaque, con la palabra íntegramente que de cuando en cuando repetía el sublime tonelero, que se reía en sus barbas, y no decía nunca, sin dejar escapar una sonrisa y un juramento, las palabras: ¡Estos PARISIENSES! Pero los acreedores fueron reservados de un modo inaudito en los fastos del comercio, y los encontraremos en la misma posición en que los había mantenido Grandet en el momento en que los acontecimientos de esta historia les obliguen a reaparecer.

Cuando el papel estuvo a ciento quince, el padre Grandet vendió el suyo y retiró de París unos dos millones cuatrocientos mil francos en oro, que se unieron en sus barrilitos a los seiscientos mil francos de intereses compuestos que había obtenido de su renta.

El señor de Grassins seguía viviendo en París, y he aquí por qué. En primer lugar, fue nombrado diputado, y después, aunque era padre de familia, como estaba cansado de la vida de Saumur, se enamoró de Florina, que era una de las actrices más bonitas del teatro de Madame. No hay para qué decir que su conducta fue tachada de profundamente inmoral en Saumur. Su mujer se consideró muy feliz viéndose separada de bienes y continuando a la cabeza de la casa de Saumur, cuyos negocios continuó en su nombre a fin de reparar las brechas hechas a su fortuna por las locuras del señor de Grassins.

Los cruchotistas empeoraron de tal modo la falsa situación de la casi viuda, que ésta casó muy mal a su hija y tuvo que renunciar a la alianza de Eugenia Grandet con su hijo. Éste fue a unirse a París con su padre, y, según dicen, se convirtió allí en un mal sujeto. Los Cruchot triunfaron.

—Su marido de usted tiene poco juicio, decía Grandet un día prestando una cantidad a la señora de Grassins, mediante las correspondientes garantías. La compadezco, porque es usted una buena mujer.

—¡Ah, señor! ¡quién había de decir que corría a su ruina el día que salió de esta casa para ir a París!

-Señora, el cielo es testigo de que hice cuanto pude hasta el último momento para impedir que fuese. El señor presidente quería a toda costa reemplazarle, y ahora ya sabemos por qué tenía él tanto interés en hacer ese viaje.

De este modo Grandet no debía ningún favor a los de Grassins.

En toda situación difícil, las mujeres tienen más motivos de dolor que el hombre y sufren más que él. El hombre ejercita su fuerza y su poder, se mueve, va, viene, se ocupa de algo, piensa, considera el porvenir y encuentra en él consuelos. Así le pasaba a Carlos. Pero la mujer permanece, tiene que afrontar las penas sin que nada la distraiga de ellas, llega hasta el fondo del abismo que ella misma se ha abierto, lo mide y a veces lo colma con sus promesas y sus lágrimas.

Así le pasaba a Eugenia. Aquella joven empezaba a iniciarse en los dolores de la vida. Sentir, amar, sufrir y sacrificarse, será siempre el texto de la vida de las mujeres. Eugenia debía ser mujer en todo, menos en aquello que la sirviese de consuelo. Su felicidad no debía llenar nunca el hueco de su mano. Las penas no se dejan esperar nunca, y para ella no tardaron en llegar. Al día siguiente de la marcha de Carlos, la casa Grandet recobró su aspecto ordinario para todo el mundo, excepto para Eugenia, que la encontró de pronto vacía, sin que su padre lo supiese, la prima quiso que el cuarto de Carlos permaneciese en el mismo estado en que lo había dejado, y la señora Grandet y Nanón se hicieron con gusto cómplices de aquel statu quo.

-¿Quién sabe si no volverá antes de lo que creemos? dijo Eugenia.

-¡Ah! quisiera verle aquí siempre, respondió Nanón, ya me había acostumbrado a él. Era un señorito muy cariñoso, muy guapo y modoso como una señorita.

Eugenia miró a Nanón.

-¡Virgen santa! señorita, tiene usted unos ojos capaces de hacer pecar a un santo: no mire usted de esa manera a la gente.

Desde aquel día, la belleza de la señorita Grandet tomó un nuevo carácter, un nuevo aspecto. Los graves pensamientos que habían invadido lentamente su alma y la dignidad de mujer amada comunicaron a sus facciones ese brillo que los pintores representan mediante una aureola. Antes de la llegada de su primo, Eugenia podía compararse a la Virgen antes de la concepción, y cuando aquél hubo marchado se parecía a la Virgen madre: había concebido el amor. Estas dos Marías, tan diferentes y tan bien representadas por algunos pintores españoles, constituyen una de las figuras más brillantes del cristianismo. Al volver de misa, adonde fue al día siguiente de la marcha de Carlos y adonde se prometió ir todos los días, Eugenia compró en casa de un librero un mapa mundi que colocó al lado de su espejo, a fin de seguir a su primo en su viaje a las Indias, de trasladarse todos los días al barco que lo conducía, de verle, de dirigirle mil preguntas y de decirle:

-¿Estás bien? ¿sufres? ¿piensas en mí al ver aquella estrella cuyo objeto y bellezas me diste a conocer?

Después, por la mañana, permanecía pensativa bajo el nogal, sentada bajo el banco de madera carcomido donde se habían dicho tantas cosas y donde habían forjado tantos castillos en el aire acerca de su porvenir. Eugenia pensaba allí en su existencia futura, mirando el cielo por el pequeño espacio que las paredes le permitían abrazar, y luego fijaba sus miradas en el tejado bajo el cual se encontraba el cuarto de Carlos. En una palabra, el amor de aquella joven fue el amor solitario, el amor verdadero que persiste, que anima todos los pensamientos y que se convierte, por decirlo así, en la substancia de la vida. Cuando los reputados amigos del padre Grandet iban a jugar a la lotería por la noche, Eugenia estaba contenta, disimulaba; pero durante toda la mañana hablaba de Carlos con su madre y con Nanón. Ésta, comprendiendo que podía compartir los sufrimientos de su ama sin faltar a sus deberes para con su anciano señor, decía a Eugenia:

-Si yo hubiera tenido un hombre que me hubiese querido, le seguiría... hasta el infierno. Hubiera hecho... ¡qué se yo! En fin, me hubiera exterminado por él; pero nada. Moriré sin saber lo que es la vida. ¿Querrá usted creer, señorita, que ese viejo Cornoiller, que no deja de ser un buen hombre, anda detrás de mis rentas lo mismo que todos esos que vienen detrás de la bolsa de nuestro amo haciéndole a usted la corte? Yo veo perfectamente esto, pues soy bastante tuna, aunque no lo parezca. Pues bien, señorita, mire usted lo que son las cosas, aunque sé que no es amor, eso me causa placer.

Transcurrieron dos meses de este modo. Aquella vida doméstica, que era antes tan monótona, estaba aumentada por el inmenso interés del secreto que unía más íntimamente a aquellas tres mujeres. Para ellas, Carlos vivía y andaba aún bajo las grisáceas vigas de aquella sala. Mañana y tarde, Eugenia abría el neceser y contemplaba el retrato de su tía. Un domingo por la mañana fue sorprendida por su madre en el momento en que se ocupaba en encontrar parecido con su madre a Carlos. La señora Grandet conoció entonces el terrible secreto del cambio que había mediado entre los dos primos.

-¿Se lo has dado todo? dijo la madre asustada. Y ¿qué le dirás a tu padre el día de año nuevo cuando quiera ver tu tesoro?

Lo mismo Eugenia que su madre permanecieron la mitad de aquella mañana sumidas en an gran temor, que dejaron pasar la misa mayor y tuvieron que ir a la misa militar. Al cabo de tres días acabaría el año 1819 y empezaría para ellas una terrible escena, una tragedia sin puñal, ni veneno, ni sangre, pero más cruel que todos los dramas desarrollados en la ilustre familia de los Atridas.

-¡Qué va a ser de nosotras? dijo la señora Grandet a su hija dejando caer la calceta en su regazo.

La pobre madre sufría tales temores hacía dos meses, que las medias de lana que necesitaba para el invierno no estaban terminadas aún. Este hecho doméstico, insignificante en apariencia, tuvo para ella tristes resultados. Por falta de medias, cogió un enfriamiento atroz, en medio de un sudor originado por una espantosa cólera de su marido.

-¡Pobre hija mía! estaba pensando que si me hubieses confiado tu secreto hubiéramos tenido tiempo de escribir a París al señor de Grassins, éste hubiera podido enviarnos monedas de oro semejantes a las tuyas, y aunque Grandet las conoce perfectamente, acaso...

-Pero ¿de dónde hubiéramos sacado tanto dinero?

-Yo hubiera empeñado las mías. Además, el señor de Grassins nos hubiese...

-Ya no hay tiempo, respondió Eugenia con voz sorda y alterada interrumpiendo a su madre. ¿No tenemos que ir mañana por la mañana a felicitarle a su cuarto?

-Pero, hija mía, ¿porqué no vamos a ver si los Cruchot...?

-No, no, eso sería entregarme a ellos y ponerme a su disposición. Por otra parte, ya he tomado mi partido. He hecho bien, y no me arrepiento de ello. ¡Dios me protegerá! ¡Hágase su santa voluntad! ¡Oh! mamá, si hubiese usted leído su carta, no hubiera usted pensado más que en él.

Al día siguiente por la mañana, primero de enero de 1820, el inmenso terror de que eran presa la madre y la hija les sugirió una excusa natural para no entrar solemnemente a felicitar a Grandet en su cuarto. El invierno de 1819 a 1820 fue uno de los más rigurosos de la época. La nieve cubría las tejados. La señora Grandet dijo a su marido tan pronto como le oyó andar por su cuarto:

-Grandet, dile a Nanón que encienda fuego en mi cuarto, porque el frío es tan intenso, que me hielo, a pesar de la ropa. He llegado a una edad en que necesito cuidarme. Además, repuso después de una pausa, de ese modo Eugenia podrá venir a vestirse aquí, porque en su cuarto, con el frío que hace, podría coger una enfermedad. Ya iremos a felicitarte por la entrada de año a la sala, al lado del fuego.

-Ta, ta, ta, ta, ¡qué lengua! ¡cómo empiezas el año, señora Grandet! en tu vida has hablado tanto. Sin embargo, me parece que no has comido pan empapado en vino.

Hubo un momento de silencio.

-Está bien, repuso el buen hombre, que sin duda creyó justa la proposición de su mujer, voy a hacer lo que usted quiere, señora Grandet. Eres una buena mujer y no quiero que cojas alguna enfermedad con el frío, aunque, en general, los Bertelliere han muerto todos de viejos, ¿no es verdad? gritó después de una pausa. En fin, les hemos heredado y no quiero hablar mal de ellos.

Y tosió.

-Está usted muy contento esta mañana, señor mío, dijo gravemente la pobre mujer.

-Yo siempre estoy contento...

¡Alegre, alegre, el tonelero,
trabaja y gana para el puchero!...

Añadió entrando ya vestido en el cuarto de su mujer. ¡Diablo! «¡sí que hace frío de veras! Hoy almorzaremos bien, mujercita mía. De Grassins me ha enviado de París un pastel de foie gras con trufas, y voy a buscarlo a la diligencia. Debe mandar también un doble napoleón para nuestra hija, fue a decirle el tonelero al oído. A mí se me ha acabado el oro, mujercita mía. A ti puedo decirte que tenía aún algunas monedas viejas, pero tuve que gastarlas en mis negocios.

Y esto diciendo, besó a su mujer en la frente para celebrar el año nuevo.

-¡Eugenia! gritó la buena madre, no sé qué mosca le ha picado a tu padre para levantarse de tan buen humor. ¡Bah! me parece que ya saldremos del paso.

-¿Qué tiene hoy nuestro amo? dijo Nanón entrando en el cuarto de la señora Grandet para encender el fuego. Primero me ha dicho: «¡Buenos días y buen año, gran bestia! Vete a encender el fuego al cuarto de mi mujer, que tiene frío». He quedado asombrada al ver que me tendía la mano para darme un escudo de seis francos que casi no está roñoso. ¡Mírelo usted, señora, mírelo usted. ¡Oh! ¡es un buen hombre, de todos modos!. Los hay que cuanto más viejos se hacen, peor humor se les pone: pero él cada vez se vuelve más cariñoso.

El secreto de aquella alegría estaba en el completo éxito de la especulación de Grandet. El señor de Grassins, después de haber deducido la suma que le debía el tonelero por el descuento de los ciento cincuenta mil francos de efectos holandeses y por el pico que le había prestado a fin de completar la compra de los cien mil francos de renta, le enviaba por la diligencia treinta mil francos en escudos, resto del semestre de los intereses, y le anunciaba la alza de los fondos públicos.
Entonces estaban a ochenta y nueve, y los capitalistas más célebres los compraban a noventa y tres a fines de enero. En dos meses, Grandet aumentaba en un doce por ciento su capital e iba a percibir en lo sucesivo cincuenta mil francos cada seis meses, sin tener que pagar impuestos ni reparaciones. El avaro concibió por fin la renta, negocio por el que las gentes de provincia manifiestan una repugnancia invencible, y antes de cinco años se vería dueño de un capital de seis millones, aumentado sin grandes trabajos, el cual, unido al valor de sus propiedades, compondría una fortuna colosal. Los seis francos que había dado a Nanón, eran, sin duda, la recompensa de algún inmenso servicio que ella le había prestado sin saberlo.

-¡Oh! ¡oh! ¿adónde irá el padre Grandet corriendo de ese modo? se decían los comerciantes ocupados en abrir sus tiendas.

Después, cuando le vieron volver de la administración de coches seguido de un mozo que tiraba de un carrito cargado de sacos llenos, se decían unos a otros:

-El río siempre va a dar al mar, el buen hombre iba a buscar sus escudos, decía uno.

-¡Oh! ¿Él los recibe de París, de Froidfond y de Holanda, decía otro.

-¡Acabará por comprar Saumur! decía un tercero.

-¡Oh! él no hace caso del frío, y marcha siempre a su negocio, decía una mujer a su marido.

-¡Eh! ¡señor Grandet! ¡si le molesta a usted eso en casa, ya lo recogeré yo! le decía un comerciante en paños vecino suyo.

-¡Bah! ¡es calderilla! respondió el viñero.

-¿Calderilla? no, plata, dijo el mozo en voz baja.

-Si quieres estar bien conmigo, procura que no se te vaya la lengua, dijo el avaro al mozo al mismo tiempo que abría la puerta.

-¡Ah, viejo zorro! yo creía que era sordo, pensó el mozo; al, parecer, cuando hace frío oye.

-Ahí tienes un franco por tu trabajo, y ¡mutis! le dijo Grandet. Nanón te llevará el carrito.

-¡Nanón! ¿se han ido a misa las mujeres?

-Sí, señor.

-Pues ven aprisa, y ¡manos a la obra! gritó cargándola de sacos.

En un momento, los escudos fueron transportados al cuarto del avaro, donde éste permaneció encerrado.

-Cuando el almuerzo esté dispuesto, ven a avisarme. Lleva el carrito a la administración de coches.

-Aquí, tu padre no te dirá que le enseñes el tesoro, dijo la señora Grandet a su hija cuando volvieron de misa, estando en la sala. Tú procura hacer la friolenta. Para el día de tu cumpleaños, acaso logremos recobrar tu tesoro.

Grandet bajó la escalera pensando en cambiar sus escudos por oro y en su admirable especulación con las rentas del Estado. El avaro estaba decidido a emplear todo su dinero en papel hasta que llegase a estar al cien. ¡Meditación funesta para Eugenia! Tan pronto como entró, las dos mujeres le desearon un feliz año nuevo: la hija saltándole al cuello y acariciándole, y la señora Grandet gravemente y con dignidad.

-¡Ah! ¡ah! hija mía, dijo besando a Eugenia en las mejillas, ya ves como trabajo para ti y como procuro crearte una fortunita. El dinero es necesario para ser feliz. Sin dinero no se consigue nada. Toma, aquí tienes un napoleón completamente nuevo que he hecho venir de Paris. ¡Por vida de... ! ¡no hay ni un grano de oro en Saumur! Tú eres la única que tiene oro.

-¡Bah! hace demasiado frío; almorcemos, le respondió Eugenia.

-Bien, me lo enseñarás después, ¿eh? eso nos ayudará a digerir bien. Ese buen de Grassins nos ha mandado esto; así es que, comed, hijas mías, que no nos cuesta nada. Se porta muy bien de Grassins, y estoy contento de él. El tonto está haciendo favores de balde a Carlos y arreglando a las mil maravillas los negocios del difunto Grandet. ¡Caramba! dijo con la boca llena después de una pausa, ¡está bueno este pastel! Come, mujer, que esto alimenta lo menos para dos días.

-No tengo gana, ya sabes que estoy muy débil.

-¡Eh! no te apures, que no te morirás. Tu eres una Bertellie-re, una mujer fuerte. Pareces una brizna de paja, pero a mi me gusta el color amarillo.

La espera de una muerte ignominiosa y pública es sin duda menos horrible para un condenado que para la señora Grandet y su hija la espera de los acontecimientos que había de deter-minar aquel almuerzo en familia. Cuanto más alegremente co-mía y hablaba el anciano viñero, más se oprimía el corazón de las dos mujeres.

Sin embargo, la hija tenía un gran consuelo porque sacaba fuerzas de su amor, diciéndose:

-Por él sufriría dos muertes.

Y cuando acudía a su mente este pensamiento, dirigía a su madre animosas miradas.

-Quita todo esto, dijo Grandet a Nanón cuando, a eso de las once de la mañana, acabaron de almorzar; pero déjanos la me-sita. Así podremos ver más a gusto tu pequeño tesoro, dijo mi-rando a Eugenia. Pero ¡qué digo pequeño! no, si posees por va-lor de cinco mil novecientos cincuenta y nueve francos, y cua-renta de esta mañana, hacen seis mil menos uno. Mira, yo te daré ese franco para completar la suma, hijita. ¿Qué escuchas tú, Nanón? Lárgate de aquí y vete a cumplir con tu deber, dijo Grandet.

Nanón desapareció.

-Escucha, Eugenia, tienes que darme tu oro. Supongo que no se lo negarás a tu papaíto, ¿eh, hijita?

Las dos mujeres permanecían mudas.

-A mí ya se me ha acabado; tenía, pero ya no tengo. Yo te da-ré seis mil francos en libras y los colocarás como yo voy a de-cirte. Ya no hay que pensar en tu docena. Cuando te case, que será muy pronto, he de encontrarte un novio que pueda ofrecerte la docena más hermosa que se haya visto jamás en la provincia. Escucha, hijita. Se presenta una hermosa ocasión en que puedes colocar tus seis mil francos en papel del Estado, y obtendrás cada seis meses cerca de doscientos francos de intereses, sin impuestos, ni reparaciones, ni hielo, ni nieve, ni marca, ni nada de lo que acostumbra a estropear nuestras rentas.

¿Te repugna, acaso, desprenderte de tu tesoro, hijita? Tráemelo de todos modos, que yo te daré después monedas de oro, holandesas, portuguesas, rupias del Mogol, genovesas; y, con las que yo te vaya dando el día de tu santo y de tu cumpleaños, dentro de tres años habrás restablecido la mitad de tu pequeño tesoro. ¿Qué dices a esto, hijita? Vamos, levántate y ve a buscarlos, hijita mía. Debías besarme los pies al ver que te descubro secretos y misterios de vida o muerte para los escudos. A decir verdad, los escudos viven y gruñen como hombres: tan pronto van, como vienen, como producen, como dejan de producir.

Eugenia se levantó; pero, después de haber dado algunos pasos hacia la puerta, se volvió bruscamente, miró a su padre de frente, y le dijo:

-Yo no tengo mi oro.

-¡Que no tienes tu oro! exclamó Grandet irguiéndose sobre sus corvas, al igual que un caballo que oye disparar cañonazos a diez pasos de él.

-No, ya no lo tengo.

-Tú te engañas, Eugenia.

-No.

-¡Por vida de... !

Cuando el tonelero juraba de este modo, los tabiques temblaban.

-¡Virgen santa! ¡que pálida se pone la señora! dijo Nanón.

-Grandet, tu cólera me matará, dijo la mujer.

-Ta, ta, ta, ta, en vuestra familia no morís nunca. Eugenia, ¿qué ha hecho usted de su oro? gritó el avaro precipitándose sobre su hija.

-Papá, mamá está sufriendo mucho, dijo la hija que estaba a los pies de su madre. No la mate usted: dejemos esto.

Grandet se asustó al ver la palidez de su mujer, que estaba tan amarilla algunos momentos antes.

-Nanón, venga usted a ayudarme a acostar, dijo la madre con voz débil. Me muero...

Acto continuo, Nanón dio el brazo a su ama, Eugenia hizo otro tanto, y, no sin grandes trabajos, pudieron subirla a su habitación, pues la pobre mujer se caía de debilidad en cada peldaño. Grandet quedó solo, y algunos instantes después subió siete u ocho tramos, y gritó:

-Eugenia, cuando haya acabado usted de acostar a su madre, baje.

-Está bien, papá.

La joven no tardó en presentarse, después de haber tranquilizado a su madre.

-Hija mía, le dijo Grandet, va usted a decirme dónde está su tesoro.

-Padre mío, si me ha de hacer usted regalos de los cuales no puedo disponer, ya puede guardárselos, respondió fríamente Eugenia cogiendo el napoleón de la chimenea y entregándoselo.

Grandet se apresuró a coger la moneda y se la metió en el bolsillo.

-Ten la seguridad de que nunca te daré nada, ¡ni esto! dijo haciendo sonar la uña de su pulgar contra los incisivos. ¿De modo que desprecia usted a su padre, que no tiene usted confianza en él? ¿Sabe usted lo que es un padre? O lo es todo para usted o no es nada. ¿Dónde está el oro?

-Papá, yo le amo y respeto, a pesar de su cólera; pero le advierto humildemente que tengo veintidós años, y usted me ha repetido muchas veces que soy mayor de edad para que yo lo sepa. He hecho de mi dinero lo que he querido, y tenga usted la seguridad de que está bien colocado.

-¿En dónde?

-Es un secreto inviolable. ¿No tiene usted también sus secretos?

-¿No soy el jefe de la familia? ¿No puedo tener mis negocios?

-Pues yo también tengo el mío.

-Pero debe ser muy malo cuando no quiere usted decírselo a su padre, señorita Grandet.

-Es excelente, pero no puedo decírselo a mi padre.

-Dígame usted, al menos, cuándo ha dado su oro.

Eugenia hizo con la cabeza un signo negativo.

-¿Lo tenía usted el día de su cumpleaños?

Eugenia, que se había vuelto tan astuta por amor como su padre por avaricia, repitió el mismo signo negativo con la cabeza.

-¡Habráse visto jamás semejante terquedad y semejante robo! dijo Grandet con voz que fue crescendo y que hizo retumbar la casa. ¡Cómo! aquí, en mi propia casa, en mi casa, ¿habrá quien haya cogido tu oro, el único que había en ella, y no he de saber yo quién es? El oro es una cosa muy cara. Las muchachas más honradas pueden cometer faltas, dar cualquier cosa: eso se ve lo mismo en las casas de los grandes señores que en la de los pobres; pero ¡dar oro! porque usted lo ha dado a alguno, ¿eh?

Eugenia permaneció impasible.

-¡Habráse visto muchacha semejante! ¿Soy o no tu padre? Si lo ha colocado usted en algún sitio, tendrá un recibo.

-¿Era yo libre o no de hacer de él lo que me diese la gana? ¿Era mío o no?

-Tú eres una chiquilla.

-Sí, pero mayor de edad.

Aturdido por la lógica de su hija, Grandet palideció, pataleó y juró, acabando por decir:

-¡Maldita serpiente de hija! ¡Ah, mala hierba! como sabes que te quiero, abusas de mí y atragantas a tu padre. ¡Voto a... ! ¡Habrás dado nuestra fortuna a ese pelagatos con botas de marroquí! ¡Por vida de... ! ¡no puedo desheredarte! ¡Mil rayos! ¡pero te maldigo a ti, a tu primo y a tus hijos! Nunca tendrás suerte, nunca, ¿oyes? Si fuese a Carlos a quien... Pero no, no es posible; ¿sería capaz aquel petimetre de desvalijarme de ese modo?...

El avaro miró a su hija, que permanecía muda y fría.

-¡Ca! ¡no pestañeará, no dirá una palabra, es más Grandet que yo mismo! Pero supongo que no habrás dado tu oro por nada. Vamos a ver, dime.

Eugenia miró a su padre dirigiéndole una mirada irónica que le ofendió.

-Eugenia, está usted en mi casa, en casa de su padre, y, para permanecer en ella, debe usted someterse a mis órdenes. Los sacerdotes le ordenan a usted que me obedezca.

Eugenia bajó la cabeza.

-Me ofende usted en lo más íntimo, y no quiero verla más en mi presencia a no ser sumisa. Váyase a su cuarto y permanezca allí hasta que yo le mande salir. Nanón le llevará pan y agua. ¿Ha oído usted? ¡arriba!

Eugenia rompió en amargo llanto y se fue al lado de su madre. Grandet, después de haber dado algunas vueltas por el jardín, que estaba lleno de nieve, sin sentir frío, sospechó que su hija debía estar en el cuarto de su mujer, y, satisfecho de poderla coger en desobediencia, subió las escaleras con la agilidad de un gato y apareció en el cuarto de la señora Grandet en el momento en que ésta acariciaba los cabellos de Eugenia, cuyo rostro estaba bañado en lágrimas.

-Consuélate, hijita mía, que ya sé aplacará tu padre.

-¡Esa muchacha ya no tiene padre! dijo el tonelero. Señora Grandet, ¿hemos sido en realidad usted y yo los que hemos criado una hija desobediente como ésta? ¡Bonita educación, y, sobre todo, religiosa! ¡Cómo! ¿no está usted en su cuarto? Vamos, señorita, al encierro, al encierro.

-¡Cómo! quiere usted privarme de mi hija dijo la señora Grandet mostrando su rostro enardecido por la fiebre.

-Si quiere usted conservarla a su lado, llévesela; pero lárguense las dos de mi casa. ¡Por vida de... ! ¿dónde está el oro? ¿qué ha sido del oro?

Eugenia se levantó, dirigió una mirada orgullosa a su padre y se fue a su cuarto, que Grandet se apresuró a cerrar con llave.

-¡Nanón! gritó el avaro, apaga el fuego de la sala.

Y fue a sentarse en un sofá situado en el rincón de la chimenea del cuarto de su mujer, diciéndole:

-¡Sin duda se lo ha dado a ese miserable seductor de Carlos, que no quería más que nuestro dinero!

En medio del peligro que amenazaba a su hija y a pesar del cariño que la profesaba, la señora Grandet tuvo valor bastante para permanecer indiferente, sorda y muda en apariencia.

-Yo no sabía una palabra de todo eso, dijo la pobre mujer volviéndose del otro lado para no sufrir las terribles miradas de su marido. Sufro tanto viéndoos reñir, que presiento que no saldré de este cuarto, a no ser con los pies para adelante. Debía usted haberme ahorrado este disgusto, a mí, que creo que no le he causado ninguno en su vida. Su hija le ama a usted, y yo la creo inocente como un recién nacido; así es que no le cause usted pena y revoque su sentencia, El frío es muy intenso y podría usted ser causa de que Eugenia cogiese alguna grave enfermedad.

-No quiero verla ni hablarla, y la tendré en su cuarto a pan y agua hasta que no dé una cumplida satisfacción a su padre. ¡Qué diablo! un jefe de familia debe saber dónde ha ido a parar el oro de su casa. Poseía las únicas rupias que había sin duda en Francia, y, además, genovesas, ducados de Holanda...

-Amigo mío, Eugenia es nuestra única hija, y aunque los hubiese arrojado al río...

-¡Al río! ¡al río! gritó el avaro. Usted está loca, señora Grandet. Lo dicho está dicho, ya lo sabe usted. Si quiere tener paz en su casa, confiese a su hija y averigüe dónde ha echado el dinero. Para esas cosas, las mujeres se entienden mejor entre sí que con nosotros. Haya hecho lo que haya hecho, yo no me la comeré; ¿me tiene miedo acaso? Aunque hubiese dorado a su primo de la cabeza a los pies, como ya está en alta mar, no podemos ir tras él.

-Pues bien, amigo mío...

Excitada por la crisis nerviosa en que se encontraba, o por la desgracia de su hija, que le hacía desarrollar toda su ternura e inteligencia, la perspicacia de la señora Grandet le hizo ver un movimiento terrible en la lupia de su marido en el momento en que iba a revelarle el secreto. Así es que cambió de ideas, sin cambiar de tono, diciéndole:

-Pues bien, amigo mío yo no tengo sobre ella más imperio que tú, y te aseguro que no me ha dicho nada: se parece a ti.

-¡Pardiez! ¡qué lengua más larga tienes hoy! Ta, ta, ta, ta. Me parece que estáis tomando esto a mofa y que tú te entiendes con ella, dijo el avaro mirando fijamente a su mujer.

-Grandet, si quieres matar a tu mujer, no tienes más que continuar de ese modo. Te lo digo y te lo repetiré, aunque me cueste la vida: no tienes razón con tu hija, y ella es más razonable que tú. Ese dinero le pertenecía, ha podido hacer un buen uso de él, y sólo Dios tiene derecho a conocer nuestras buenas obras. Amigo mío, te lo suplico, haz las paces con Eugenia, y así disminuirás el efecto que me ha causado tu cólera y acaso me salves la vida. ¡Mi hija, señor! ¡devuélvame a mi hija!

-Me voy. Mi casa es insoportable. La madre y la hija razonan y hablan como si... ¡Brrrr! ¡Puuuuf! ¡Mala entrada de año me has proporcionado, Eugenia! gritó. Sí, sí, llore usted, lo que ha hecho le causará remordimientos, ¿me oye? ¿De qué le sirve a usted comulgar dos veces al mes, si da el oro de su padre a escondidas a un holgazán que le devorará el corazón cuando ya no tenga qué prestarle? ¡Ya verá usted lo que vale su Carlos con sus botas de marroquí y su aire de mírame y no me toques! Ese muchacho no tiene corazón ni alma cuando se ha atrevido a llevarse el tesoro de una pobre muchacha sin el consentimiento de sus padres.

Cuando Eugenia oyó que su padre cerraba la puerta de la calle, salió de su cuarto y se fue al lado de su madre.

-¡Cuán valerosa se ha mostrado usted por mí! dijo Eugenia a la enferma.

-Ya ves, hija, adonde nos llevan las cosas ilícitas... Me has hecho decir una mentira.

-¡Oh! yo pediré a Dios que me castigue a mí sola.

-¿Es verdad que está la señorita a pan y agua para el resto de sus días? dijo Nanón presentándose.

-¡Qué más me da a mí eso, Nanón! dijo tranquilamente Eugenia.

-¡Ah! ¿había yo de comer tranquila sabiendo que la hija de la casa comía pan seco? ¡Dios me libre! no, no.

-Nanón, no hablemos más de eso.

-No tema usted, aunque yo haya de pasar hambre, añadió Nanón.

Por la primera vez en veinticuatro años, Grandet comió solo.

-Ya está usted viudo, señor, le dijo Nanón, y la verdad que es bien desagradable estar viudo teniendo dos mujeres en casa.

-¿Quién te habla a ti, bestia? ten la lengua, o te echo a la calle. ¿Qué tienes hirviendo en el fuego?

-Estoy cociendo la manteca.

-Enciende el fuego, que vendrá gente esta noche.

Los Cruchot, la señora de Grassins y su hijo llegaron a las ocho, y se asombraron de no ver en la sala a la señora Grandet ni a su hija.

-Mi mujer está algo indispuesta, y Eugenia está con ella, respondió el anciano viñero, cuyo rostro no expresó emoción alguna.

Después de una hora empleada en conversaciones insignificantes, la señora de Grassins, que había subido a hacer una visita a la señora Grandet, bajó, y entonces todo el mundo le preguntó:

-¿Cómo está la señora Grandet?

-No del todo bien, no. El estado de su salud parece inspirar temores. A su edad hay que cuidarla mucho, señor Grandet.

-Ya veremos eso, respondió el avaro con aire distraído.

Un momento después, los contertulios se despidieron. Cuando los Cruchot estuvieron en la calle, la señora de Grassins les dijo:

-Algo pasa en casa de los Grandet. La madre está muy mala, aunque ella no lo sospecha, y la hija tiene los ojos hinchados, como si hubiese llorado muchas horas. ¿Querrán casarla acaso contra su gusto?

Cuando Grandet se hubo acostado, Nanón descalzóse, se fue de puntillas al cuarto de Eugenia y le presentó una empanada.

-Tenga usted, señorita, le dijo la pobre muchacha. Cornoiller me ha dado una liebre, y como usted come tan poco, este pastel puede durarle ocho días, y con la helada no hay temor de que se pierda. Al menos no tendrá usted que estar a pan seco, que no tiene nada de sano.

-¡Pobre Nanón! dijo Eugenia estrechándole la mano.

-¡Está muy rico! y él no lo ha notado siquiera. He comprado el tocino, el laurel y la manteca con los seis francos que me ha dado! que son bien míos.

Y dicho esto, la criada se fue creyendo oír a Grandet.

Durante algunos meses, el viñero fue a ver constantemente a su mujer a horas diferentes del día sin hacer la menor alusión a su hija, sin pronunciar su nombre y sin verla. La señora Grandet no pudo abandonar su cuarto y fue empeorando de día en día: pero no por eso se doblegó el tonelero, sino que siguió permaneciendo duro, áspero y frío como una roca de granito.

Grandet continuó yendo y viniendo, según sus costumbres, pero no tartamudeó ya, habló menos y se mostró en sus negocios más intransigente. A veces, sufría algún error en sus cálculos, y entonces decían los cruchotistas y grassinistas:

-Algo ha pasado en casa del señor Grandet.

En las veladas nocturnas de Saumur, la pregunta: «¿Qué habrá pasado en casa de los Grandet?» corría de boca en boca.

Eugenia iba a los oficios acompañada de Nanón, y si, al salir de la iglesia, le dirigía la señora de Grassins alguna pregunta, la joven le respondía de una manera evasiva y sin satisfacer su curiosidad. Sin embargo, al cabo de dos meses fue ya imposible ocultar a los tres Cruchot y a la señora de Grassins el secreto de la reclusión, de Eugenia, pues hubo un momento en que llegaron a faltar los pretextos para justificar su perpetua ausencia.

Además, sin que se hubiese sabido cómo ni por quién, es lo cierto que el secreto se descubrió, y toda la villa supo que desde el día primero de año la señorita Eugenia estaba encerrada en su cuarto a pan y agua y sin fuego, por orden de su padre; que Nanón le hacía golosinas y se las llevaba a escondidas por la noche, y hasta se llegó a saber que la joven no podía ver ni cuidar a su madre más que durante el tiempo que su padre estaba fuera de casa.

La conducta de Grandet fue entonces juzgada muy severamente. La villa entera le puso, por decirlo así, fuera de la ley, se acordó de sus traiciones y de sus durezas, y le excomulgó. Cuando pasaba por la calle, todo el mundo le señalaba con el dedo cuchicheando. Cuando Eugenia bajaba la tortuosa calle para ir a misa o a las vísperas, acompañada de Nanón, todos los vecinos se asomaban a las ventanas para examinar con curiosidad la actitud de la rica heredera y su rostro que denotaba una melancolía y bondad angelicales. Su reclusión y la dureza de su padre no eran nada para ella.

¿No veía el mapamundi, el banco y el jardín, y no gustaba en sus labios la miel que había dejado en ellos los besos del amor? Durante algún tiempo, lo mismo la joven que el padre ignoraron las conversaciones de que eran objeto en el pueblo. Religiosa y pura ante Dios, su conciencia y su amor le ayudaban a soportar pacientemente la cólera y la venganza paternas. Pero un dolor profundo hacia enmudecer todos sus demás dolores. Su madre, bondadosa y tierna criatura que se embellecía con el brillo que comunicaba a su alma su proximidad a la tumba, desmejoraba de día en día, y muchas veces Eugenia se acusaba de haber sido causa inocente de la cruel y lenta enfermedad que la devoraba.

Estos remordimientos, aunque calmados por su madre, la unían más estrechamente a su amor por Carlos. Todas las mañanas, tan pronto como el avaro salía, la joven iba a la cabecera del lecho de su madre, y Nanón le llevaba allí el almuerzo; pero la pobre Eugenia, triste y abatida al ver los sufrimientos de su madre, señalaba a Nanón la cara de la enferma, lloraba y no se atrevía a hablar de su primo. La señora Grandet se veía obligada a ser la primera en decirle:

-¿Dónde está Carlos? ¿por qué no te escribe?

-Mamá, pensemos en él, pero no hablemos, le respondía Eugenia. Usted sufre mucho, y usted es antes que todo.

El todo era él.

-Hijos míos, decía la señora Grandet, no siento la vida. Dios me protege haciéndome esperar gozosa el fin de mis días.

Las palabras de aquella mujer eran siempre santas y cristianas. Cuando Grandet iba a pasearse por su cuarto, su mujer le repetía siempre los mismos discursos con una dulzura angelical y con la firmeza de una mujer a quien la seguridad de una muerte próxima comunicaba un valor de que había carecido toda su vida.

-Esposo mío, te doy las gracias por el interes que te tomas por mi salud, le respondía cuando Grandet le interrogaba acerca de su estado. Pero si quieres aliviarme los dolores y hacer menos amargos mis últimos momentos, haz las paces con tu hija y muéstrate buen cristiano, buen esposo y buen padre.

Al oír estas palabras, Grandet se sentaba a los pies de la cama y obraba como hombre que, viendo venir un aguacero, procura atecharse tranquilamente, y ya en esta situación, escuchaba tranquilamente a su mujer y no respondía nada. Cuando ésta le había dirigido las súplicas más conmovedoras, más tiernas y más religiosas, Grandet le decía:

-Estás un poco palidilla hoy, esposa mía.

El olvido más completo de su hija parecía estar grabado en su blanca frente y en sus apretados labios, sin que se conmoviese lo más mínimo al ver las lágrimas que sus vagas respuestas hacían correr a lo largo del lívido rostro de su pobre mujer.

-¡Que Dios te perdone como yo te perdono! le decía la enferma; pero veo que algún día necesitarás indulgencia.

Desde que su mujer había caído enferma, el avaro no se había atrevido a servirse de su terrible: «Ta, ta, ta, ta»; pero aquel ángel de dulzura, cuya fealdad desaparecía de día en día eclipsada por la expresión de las cualidades morales que denotaban su rostro, no fue capaz de desarmar su despotismo. Aquella mujer era todo alma, y la oración parecía purificar y embellecer las groseras facciones de su cara haciéndolas resplandecer.

¿Quién no ha observado este fenómeno de transfiguración en caras santas cuyas virtudes acaban por embellecer las facciones más duras imprimiéndoles la animación propia de la nobleza y de la pureza de los pensamientos elevados? El espectáculo de esta transformación operado por los sufrimientos que iban consumiendo a aquella santa mujer, impresionaba, aunque débilmente, al antiguo tonelero, cuyo carácter se había vuelto de hierro.

Si su palabra no fue ya desdeñosa, un imperturbable silencio imperó en su conducta. Cuando su fiel Nanón iba al mercado, algunas pullas y algunas quejas contra su amo llegaron a veces a sus oídos; pero aunque la opinión pública condenase al padre Grandet, la criada lo defendía por el orgullo de la casa.

-Pues qué, ¿no vemos todos los días que la gente se vuelve dura al llegar a la vejez? decía Nanón a los detractores de su amo. ¿Por qué no le ha de pasar lo mismo a mi señor? No digan ustedes mentiras. La señorita vive como una reina, y si está sola, es por su gusto. Además, mis amos tienen razones superiores para obrar como lo hacen.

Por fin, una noche, al final de la primavera, la señora Grandet, devorada más bien por la pena que por la enfermedad, y como no hubiese logrado reconciliar a Eugenia con su padre, confió sus secretos y penas a los Cruchot.

-¡Poner a pan y agua a una muchacha de veintitrés años, y sin motivo! exclamó el presidente Bonfons. Eso está previsto en el código en el capítulo de las torturas, y puede protestarse y...

-Bueno, sobrino mío, dijo el notario, dejémonos de leyes. No tenga usted cuidado, señora, mañana mismo haré yo que acabe esa reclusión.

Al oír que hablaban de ella, Eugenia salió de su cuarto, y entrando en el de su madre, dijo con altivez:

-Les ruego encarecidamente que no se ocupen de este asunto. Mi padre es muy dueño de hacer en su casa lo que quiera, Y, mientras yo viva con él, estoy obligada a obedecerle. Su conducta no puede someterse a la aprobación ni a la desaprobación del mundo, y sólo Dios puede pedir cuenta de ella; así es que exijo de su amistad el más secreto silencio respecto a este punto. Vituperar a mi padre sería atacar nuestra propia estimación. Les agradezco a ustedes mucho el interés que se toman por mí: pero les estaría mucho más agradecida aún si hiciesen cesar los rumores ofensivos que corren por la villa, los cuales han llegado a mis oídos por casualidad.

-Eugenia tiene razón, dijo la señora Grandet.

-Señorita, la mejor manera de impedir que el mundo charle, es devolviéndole a usted la libertad, le respondió respetuosamente el anciano notario, impresionado al ver la belleza que el encierro, la melancolía y el amor habían comunicado a Eugenia.

-Hija mía, ya que el señor Cruchot responde del éxito, déjale que arregle este asunto. El señor conoce a tu padre y sabe cómo debe obrar. Si quieres verme feliz durante los pocos días que me quedan de vida, es preciso que tu padre y tú os reconciliéis.

Al día siguiente, Grandet, siguiendo una costumbre que había adquirido desde que ordenó la reclusión de Eugenia, fue a dar algunas vueltas por el jardín. El avaro había escogido para dar este paseo el momento en que Eugenia se peinaba, y, cuando llegaba debajo del nogal, se escondía detrás del tronco y permanecía allí algunos instantes contemplando los largos cabellos de Eugenia y dudando entre los pensamientos que le sugería la tenacidad de su carácter y el deseo de abrazar a su hija.

A veces se sentaba en el banco de madera en que Carlos y Eugenia se habían jurado un amor eterno, y entonces la joven miraba también a su padre, a hurtadillas o en su espejo. Si el anciano se levantaba para reanudar su paseo, su hija se sentaba complacientemente a la ventana y se ponía a examinar el trozo de pared de donde pendían las flores más bonitas y de donde brotaban, entre sus grietas, campanillas, correhuelas y una planta carnosa, amarilla o blanca, que abunda mucho en los viñedos de Saumur y de Tours. Maese Cruchot se presentó en casa del avaro muy temprano, y lo encontró sentado en el banco, con la espalda apoyada en la pared y ocupado en contemplar a su hija.

-¿Qué hay de bueno, maese Cruchot? dijo Grandet al ver al notario.

-Vengo a hablarle a usted de negocios.

-¡Ah! ¡ah! ¿Tiene usted acaso oro que cambiarme por escudos?

-No, no, no se trata de dinero, sino de su hija Eugenia; todo el mundo habla de ella y de usted.

-Y ¿qué tiene que meterse nadie en mis asuntos? Cada uno en su casa hace lo que quiere.

-Conformes; cada uno en su casa también es dueño de matarse, o, lo que es peor, tirar el dinero por la ventana.

-¿Cómo es eso?

-Ya verá usted, su mujer está muy enferma, amigo mío, está en peligro de muerte, y usted debía consultar al señor Bergerín, porque si llegase a morir, sin haber recibido los auxilios necesarios, me parece que no estaría usted tranquilo.

-Ta, ta, ta, ta, ¿qué sabe usted lo que tiene mi mujer? Esos médicos, una vez que ponen los pies en una casa, van cinco o seis veces al día.

-En fin, Grandet, usted hará lo que le parezca. Somos verdaderos amigos, no hay nadie en Saumur que se tome más interés que yo por lo que a usted le concierne, y he creído que era un deber mío hacerle a usted esta advertencia. Ahora, usted es mayor de edad y hará lo que le parezca. Pero no es este el único asunto que me trae aquí: se trata de algo más grave para usted.

Después de todo, su mujer le es demasiado útil para que tenga usted deseos de matarla. Piense usted, pues, en la situación en que quedaría usted con su hija, si la señora Grandet llegase a morir. Como existe comunidad de bienes entre usted y su mujer, tendría usted que rendir cuentas a Eugenia, y su hija tendría derecho a reclamar el reparto, de su fortuna y a hacer que se vendiese Froidfond. En una palabra, que la hija heredaría a la madre, cuyos bienes no pueden pasar de ningún modo a las manos de usted.

Estas palabras fueron un rayo para el avaro, que no entendía tanto en legislación como en comercio, y que no había pensado nunca en repartir su fortuna.

-Así es que le aconsejo que la trate usted con cariño, dijo Cruchot terminando.

-Pero ¿sabe usted lo que ha hecho, Cruchot?

-¿Qué? dijo el notario, ansioso de recibir una confidencia del padre Grandet y de conocer la causa de la querella.

-Ha dado su docena.

-Pero ¿no eran suyos?

-¡Todo el mundo dice lo mismo! dijo el avaro dejando caer los brazos de un modo trágico.

-Vamos, hombre, ¿va usted a poner trabas por una miseria a las concesiones que tendrá usted que pedirle a la muerte de su madre? repuso Cruchot.

-¡Oh! ¿llama usted miseria a seis mil francos en oro?

-¡Claro que sí, amigo mío! ¿Sabe usted lo que le costaría el inventario y la partición de la herencia de su mujer, si Eugenia la exige?

-¿Qué?

-Dos, tres, o tal vez cuatrocientos mil francos. ¿No habría que tasar y vender para conocer su verdadero valor? Mientras que si ustedes estuviesen de acuerdo...

-¡Por vida de... ! exclamó el avaro palideciendo y sentándose. Ya hablaremos de eso, Cruchot.

Después de un momento de silencio o de agonía, Grandet miró al notario, y le dijo:

-¡Qué triste es la vida! ¡Cuántos dolores encierra Cruchot, repuso solemnemente, supongo que no me engañará usted; júreme por su honor que lo que acaba de decir está fundado en derecho. Enséñeme usted el código; quiero verlo.

-Pero, amigo mío, ¡si conoceré yo mi profesión! respondió el notario.

-¿De modo que es verdad eso? ¡Y habré de ser despojado, traicionado, muerto y devorado por mi hija!

-El hijo hereda a la madre.

-¿Para qué sirven, pues, los hijos? ¡Ah! yo amo a mi mujer, que, por fortuna, es fuerte: es una Bertelliere.

-Pues a la pobre no le queda ni un mes de vida.

El tonelero se dio una palmada en la frente, se levantó, fue, vino, y después, dirigiéndole una espantosa mirada a Cruchot, le dijo:

-¿Qué hacer?

-Es muy sencillo: Eugenia puede renunciar pura y simplemente a la herencia de su madre. Usted no querrá desheredarla, ¿verdad? Pero para obtener de ella una concesión de ese género, no la maltrate. Lo que estoy diciéndole, amigo mío, va contra mis intereses, porque ¿qué deseo yo sino hacer liquidaciones, inventarios, ventas, particiones?...

-Ya veremos, ya veremos, no hablemos más de eso, Cruchot. Me atraviesa usted las entrañas. ¿Ha recibido usted oro?

-No: pero tengo una decena de luises viejos, y ya se la daré. Amigo mío, haga usted las paces con Eugenia. Mire, todo Saumur le señala ya a usted con el dedo.

-¡Pillastres!

-Vamos, las rentas están a noventa y nueve, muestrese usted contento una vez en su vida.

-¿A noventa y nueve, Cruchot?

-Sí.

-Vaya, vaya, a noventa y nueve, dijo el buen hombre acompañando al notario hasta la calle.

Una vez que éste se hubo marchado, como el avaro se hubiese puesto demasiado nervioso por lo que acababa de oír, subió a la habitación de su mujer, y le dijo:

-Vamos, mujer mía, puedes pasar el día con tu hija, que yo me voy a Froidfond. Sed juiciosas. Mujercita mía, hoy es el cumpleaños de nuestro casamiento; toma, aquí tienes diez escudos para tu altar del Corpus, ¡qué diablo! hace ya bastante tiempo que deseas hacer uno, regálate. Divertiros, daos buena vida. ¡Viva la alegría! añadió arrojando diez escudos sobre la cama de su mujer y cogiéndole la cabeza para besarla en la frente. Estás mejor, mujercita mía, ¿verdad?

-¿Cómo puede usted pensar en recibir en su casa al Dios que perdona, teniendo a su hija desterrada de su corazón? dijo la enferma emocionada.

-Ta, ta, ta, ta, ya veremos eso, contestó el anciano con voz cariñosa.

-¡Santo cielo! ¡Eugenia! gritó la madre con alegría, ¡ven a abrazar a tu padre, que ya te perdona!

Pero Grandet desapareció, yéndose a toda prisa hacia sus propiedades, al mismo tiempo que coordinaba sus ideas. Grandet comenzaba a la sazón el septuagésimosexto año de su vida. De dos años a esta parte, principalmente, su avaricia había crecido como crecen a esa edad todas las pasiones persistentes del hombre. Como les ocurre a los avaros, a los ambiciosos y a todos aquellos que han consagrado su vida a una idea constante, Grandet sentía una satisfacción inmensa contemplando el símbolo de su pasión, y la vista del oro, la posesión del oro, se había convertido en él en una monomanía. Su carácter despótico había aumentado en proporción a su avaricia, y abandonar la administración de la menor parte de sus bienes a la muerte de su mujer, le parecía una cosa contra natura. ¿Declarar su fortuna a su hija e inventariar la universalidad de sus bienes muebles e inmuebles para tasarlos?

-¡Eso sería matarme! dijo el avaro involuntariamente en voz alta en medio de uno de sus viñedos.

Por fin, Grandet tomó su partido, volvió a Saumur a la hora de comer y resolvió someterse a Eugenia, mimándola y acariciándola, a fin de poder morir como rey, sosteniendo hasta el último suspiro las riendas de sus millones. En el momento en que el buen hombre, que por casualidad se había llevado el llavín, subía la escalera a paso de lobo para ir al cuarto de su mujer, Eugenia tenía el hermoso neceser de Carlos sobre la cama de su madre. Mientras Grandet estaba ausente, las dos mujeres se complacían en contemplar el retrato de la madre de Carlos, procurando sacarles parecido.

-Tiene su misma boca y su misma frente, decía Eugenia en el momento en que su padre abría la puerta.

Al ver la mirada que su marido dirigió al oro, la señora Grandet gritó:

-¡Dios mío, tened piedad de nosotros!

El avaro saltó sobre el neceser como un tigre sobre un niño dormido, y llevándolo a la ventana para examinarlo a su placer, dijo:

-¿Qué es esto? ¡Oro de ley! ¡oro! exclamó, ¡mucho oro! ¡Esto pesa lo menos dos libras! ¡Ah! ¿te dio Carlos esto por tus monedas de oro? ¿Porqué no me lo has dicho? Hija mía, has hecho un buen negocio. Eres mi hija, te reconozco.

Eugenia temblaba como una hoja.

-Esto es de Carlos, ¿verdad?

-Sí, papá, eso no es mío. Ese objeto es un depósito sagrado.

-Ta, ta, ta, ta, él se ha llevado tu fortuna y hay que restablecer tu tesoro.

-¡Padre mío!...

Grandet quiso sacar su navaja para hacer saltar una placa de oro, y tuvo que dejar el neceser sobre una silla. Eugenia se abalanzó para cogerlo; pero el tonelero, que tenía fijas sus miradas en su hija y en el cofre, la rechazó tan violentamente extendiendo el brazo, que la joven fue a caer sobre el lecho de su madre.

-¡Grandet! ¡Grandet! gritó la madre irguiéndose en la cama.

El avaro había abierto la navaja y se disponía a levantar el oro.

-¡Padre mío! gritó Eugenia arrodillándose y marchando de este modo hacia su padre para levantar las manos hacia él, ¡padre mío, en nombre de todos los santos y de la Virgen, en nombre de Cristo que murió en la cruz, en nombre de su salvación eterna, por mi vida, no toque usted eso! Ese neceser no es de usted ni mío: es de un pariente desgraciado que me lo confió, y a quien debo devolvérselo intacto.

-¿Por qué lo mirabas tú si es un depósito? Ver es peor que tocar.

-Papá, no lo destruya usted, o me deshonra. ¿Oye usted, padre mío?

¡Grandet! ¡Grandet! ¡Por favor! dijo la madre.

-¡Papá! gritó Eugenia con tal desesperación, que Nanón, asustada, subió.

Eugenia saltó sobre un cuchillo que halló a mano y se armó de él.

-¿Qué hay? le dijo Grandet sonriéndose con sangre fría.

-¡Grandet, Grandet, me estás matando! dijo la madre.

-¡Padre mío, si su navaja toca una partícula de ese oro, me atravieso el corazón con este cuchillo! Ha puesto usted ya gravemente enferma a mi madre, y acabará por matar a su hija. Ahora haga usted lo que quiera; herida por herida.

Grandet se detuvo, miró a su hija titubeando, y le dijo:

-¿Serías capaz de hacerlo, Eugenia?

-Sí, Grandet, lo haría.

-¡Lo haría como lo dice! gritó Nanón. Señor, sea usted razonable una vez en su vida.

El tonelero miró alternativamente el oro y a su hija. La señora Grandet se desmayó.

-¡Señor, el ama se muere! gritó Nanón.

-Toma, hija mía, no riñamos por un cofre. Toma, dijo el tonelero arrojando el neceser sobre la cama. Tú, Nanón, vete a buscar al señor Bergerín. Vamos, esposa mía, esto no ha sido nada, ya hemos hecho las paces, ¿verdad, hijita? dijo besando a su mujer. Ya no más a pan seco, y Eugenia comerá lo que quiera. ¡Ah! ya abre los ojos. Vamos, mamaíta; mamaíta, mira, esto no ha sido nada, mira como abrazo a Eugenia. Ella ama a su primo, se casará con él si quiere y le guardará el cofrecito; pero vive muchos años, esposa mía. Vamos, muévete. ¡Escucha! Tendrás el altar más hermoso que se haya visto nunca en Saumur.

-¡Dios mío! ¿cómo puedes tratar de ese modo a tu mujer y a tu hija? le dijo con voz débil la señora Grandet.

-Ya no lo haré más, ya no lo haré más, gritó el tonelero. Ya verás, esposa mía...

-Y esto diciendo, el avaro se fue a su despacho, volvió con un puñado de luises y, arrojándolos sobre la cama, dijo:

-¡Toma, Eugenia! ¡toma, esposa mía! ¡para vosotras! Vamos, alégrate, ponte buena, y ya verás como ni tú ni Eugenia careceréis de nada. Mira, aquí hay cien luises de oro para ella. Estos no se los darás a nadie, ¿verdad, Eugenia?

La señora Grandet y su hija se miraron asombradas.

-Recójalos usted, padre mío, que nosotras no necesitamos más que su cariño.

-Está bien, está bien, vivamos como buenos amigos, dijo el avaro embolsándose los luises.

Bajemos todos a la sala para comer y para jugar a la lotería a diez céntimos. Haced lo que queráis, ¿eh, mujercita mía?

-¡Ay! bien lo quisiera, puesto que así lo quieres; pero me será imposible levantarme, dijo la moribunda.

-¡Pobre mamaíta! dijo el tonelero. ¡Si supieses cuánto te quiero! Y a ti también hijita, añadió abrazando y besando a Eugenia. ¡Ah! ¡qué bien sabe abrazar a su hija después de una disputa! Mira, mamaíta. Ahora ya no somos más que uno solo. Vete a guardar eso, dijo a Eugenia señalándole el cofre, y no temas nada, que jamás te hablaré más de él.

El señor Bergerín, que era el médico más célebre de Saumur, no tardó en llegar. Después de examinar a la enferma, el galeno declaró a Grandet que su mujer estaba muy mala, pero que una gran tranquilidad de espíritu y numerosos cuidados podían prolongar su vida hasta el fin del otoño.

-Y ¿costará eso muy caro? ¿se necesitan muchas drogas? preguntó el avaro.

-Pocas drogas, pero muchos cuidados, respondió el médico, que no pudo menos de sonreír.

-En fin, señor Bergerín, usted es un hombre de honor, ¿verdad? respondió Grandet; confío en usted y puede venir a ver a mi mujer cuantas veces lo juzgue necesario. Consérveme a mi mujer, pues la quiero mucho, aunque no lo parezca. En mi casa todo pasa dentro y me tiene desesperado. Estoy pasando muchas penas. La desgracia ha entrado en casa con la muerte de mi hermano, porque estoy pagando en Paris sumas enormes... los ojos de la cara, y lo malo es que los gastos no acaban nunca. Adiós, señor. Si puede usted salvar a mi mujer, sálvela, aunque haya de gastar para ello cien o doscientos francos.

A pesar de los fervientes votos que Grandet hacía por la salud de su mujer, cuya herencia constituía para él la primera muerte; a pesar de la complacencia que manifestaba en todo por los menores caprichos de la madre y de la hija asombradas, y a pesar de que Eugenia le prodigó los más tiernos cuidados, la señora Grandet marchaba rápidamente hacia la muerte.
Cada día se debilitaba más y desmejoraba como desmejoran la mayor parte de las mujeres que enferman a esa edad. La vida de aquella mujer vacilaba como vacilan las hojas de los árboles en otoño, y los rayos del sol la hacían resplandecer como aquellas hojas que el sol atraviesa y dora. Tuvo una muerte digna de su vida, una muerte completamente cristiana. ¿No equivale esto a decir que su fin fue sublime? En el mes de

octubre de 1822 brillaron particularmente sus virtudes, su paciencia de ángel y su amor maternal, y su vida se extinguió sin pronunciar la menor queja.

Cordero sin tacha, la buena madre subía al cielo, y no echaba de menos al morir más que a la grata compañera de su monótona vida, a la que sus últimas miradas parecieron predecir mil males, y temblaba ante la idea de dejar aquella oveja blanca como ella en medio de un mundo egoísta que quería arrancarle sus tesoros.

-Hija mía, le dijo antes de expirar, algún día sabrás que sólo en el cielo se encuentra la dicha. Esta muerte fue un motivo más para que Eugenia sintiese más apego por aquella casa donde tanto había sufrido y donde su madre acababa de morir. La joven no podía contemplar la ventana y la silla en que se sentaba su madre sin derramar lágrimas; y al ver los tiernos cuidados que su padre le prodigaba, creyó haberle juzgado mal: el avaro iba a darle el brazo para bajar a almorzar, la miraba cariñosamente durante horas enteras y la incubaba como si fuese oro. El anciano tonelero se parecía tan poco a sí mismo y temblaba de tal modo ante su hija, que Nanón y los cruchotistas, al ver su debilidad, la atribuyeron a sus muchos años y temieron algún trastorno en sus facultades; pero el día en que la familia se puso el luto, y después de la comida a la que estuvo convidado el notario Cruchot, que era el único que conocía el secreto de su cliente, la conducta del avaro quedó explicada.

-Hija querida, dijo a Eugenia cuando los manteles estuvieron levantados y las puertas de la casa fueron cuidadosamente cerradas, hete ya heredera de tu madre y en la necesidad de arreglar tus asuntos, ¿verdad, Cruchot?

-Sí.

-Pero, papá, es indispensable ocuparse hoy de esas cosas?

-Sí, sí, hijita, yo no podría seguir en la incertidumbre en que me encuentro. No creo que tú quieras causarme un disgusto.

-¡Oh! papá...

-Pues bien, hay que arreglar eso esta noche.

-Bueno, ¿qué he de hacer?

-Hijita, eso no es cosa mía. Dígaselo usted, Cruchot.

-Señorita, su señor padre desearía no hacer particiones, ni vender bienes, ni pagar enormes derechos por el dinero contante que pudiera poseer; y, para evitar eso, seria preciso dejar de inventariar toda la fortuna que se encuentra indivisa entre usted y su señor padre.

-Cruchot, ¿está usted seguro de eso para hablar de ese modo delante de una niña?

-Déjeme usted decir, Grandet.

-Sí, sí, amigo mío. Ni usted ni mi hija querrán despojarme de nada, ¿verdad, hijita?

-Pero, señor Cruchot, ¿qué tengo que hacer? preguntó Eugenia con impaciencia.

-Tendrá usted que firmar esta acta por la cual renuncia a la herencia de su señora madre y deja a su padre el usufructo de todos los bienes indivisos, cuya propiedad le asegura él para después de su muerte.

-No comprendo ni jota de lo que usted dice, respondió Eugenia. Deme el acta y señáleme el sitio en que debo firmar.

El padre Grandet miraba alternativamente el acta y a su hija, a su hija y el acta, experimentando tan violentas emociones, que el sudor invadió su frente, viéndose precisado a enjugárselo varias veces.

-Hijita, en lugar de firmar esta acta, que costaría mucho dinero registrar, si quisieras sencillamente renunciar a la herencia de tu pobre y difunta madre y fiarte de mí para el porvenir, yo lo preferiría. Entonces, yo te señalaría una renta de cien francos al mes para que puedas pagar todas las misas que quieras decir por quien te dé la gana. Cien francos al mes en libras, ¡eh! ¿qué te parece?

-Haré lo que usted quiera, padre mio.

-Señorita, dijo el notario, creo un deber mío advertirle que se despoja usted de...

-¡Dios mío! ¿qué me importa a mí todo eso? respondió la joven.

-Cállate, Cruchot, está dicho, está dicho, exclamó Grandet tomando la mano de su hija y chocándola contra la suya como cuando se cierra un trato. Eugenia, tú eres una muchacha honrada y supongo que no te volverás atrás, ¿verdad?

-¡Ah! papá...

El avaro abrazó a su hija con efusión, la estrechó entre sus brazos hasta ahogarla., y le dijo:

-Hija mía, hoy devuelves la vida a tu padre; pero no haces más que devolverle lo que te ha dado: estamos en paz. Así es como deben hacerse los negocios. La vida es un negocio. Yo te bendigo: eres una muchacha virtuosa que quiere bien a su padre. Ahora, haz lo que quieras. Bueno, hasta mañana, ¿eh, Cruchot? dijo mirando al notario que estaba asombrado. Procure usted preparar para mañana la renuncia.

Al día siguiente, al mediodía, quedó firmada la declaración mediante la cual Eugenia se expoliaba a sí misma. Sin embargo, a pesar de su palabra, pasó un año y el anciano tonelero no había dado aún un céntimo a su hija de los cien francos que tan solemnemente le había prometido; así es que cuando Eugenia le habló por bromear de su promesa, el avaro no pudo menos de ruborizarse, y, subiendo a su despacho, volvió a poco y le ofreció a su hija la tercera parte de las alhajas que había comprado a su sobrino, al mismo tiempo que le decía con acento irónico:

-Toma, hija mía, ¿quieres esto por los mil doscientos francos?

-¡Oh! papá, ¿me las da usted de veras?

-Sí, y te daré otras tantas el año próximo, dijo echándoselas en el delantal. De este modo, en poco tiempo serás dueña de todas sus chucherías, añadió frotándose las manos con satisfacción al ver que podía especular con el amor de su hija.

Aunque Grandet estaba aún robusto, no tardó en sentir la necesidad de iniciar a su hija en los secretos del hogar, y durante dos años consecutivos la obligó a llevar en su presencia la administración de la casa y a recibir las rentas, y le enseñó lenta y sucesivamente los nombres y el valor de sus propiedades y de sus quintas. Al tercer año, la había acostumbrado de tal modo a sus hábitos de avaricia, que le dejó sin temor las llaves de la despensa y la instituyó en dueña de la casa.

Cinco años pasaron sin que ningún acontecimiento alterase la monótona existencia de Eugenia y de su padre, los cuales repitieron constantemente los mismos actos con la regularidad cronométrica de su antiguo reloj. La profunda melancolía de la señorita Grandet no era un secreto para nadie; pero si todo el mundo presentía la causa, ella no pronunció nunca una palabra que justificase las sospechas que todos los habitantes de Saumur tenían formadas acerca del estado del corazón de la rica heredera. Su única compañía se componía de los tres Cruchot y de algunos amigos más que aquéllos habían introducido insensiblemente en la casa.

Los contertulios habían aprendido a jugar al whist, e iban todas las noches a casa de Grandet a hacer una partida. El año 1827, Grandet, sintiendo ya el peso de sus achaques, se vio obligado a iniciar a su hija en los secretos de su fortuna territorial, y le decía que, en caso de dificultades, acudiese al notario Cruchot, cuya probidad no le inspiraba dudas. Por fin, a fines de este mismo año, el avaro, que contaba ya ochenta y dos años, sufrió una parálisis que hizo en él rápidos progresos.

Grandet fue desahuciado por el señor Bergerín. Eugenia, al pensar que no tardaría en quedarse sola en el mundo, aumentó su cariño hacia su padre y se adhirió más fuertemente a aquel último eslabón de su afecto.

En su mente, como en la de todas las mujeres amantes, el amor era para ella el mundo entero, y Carlos no estaba allí. La joven se mostró sublime prodigando atenciones y cuidados a su anciano padre, cuyas facultades empezaban a disminuir, pero cuya avaricia se sostenía instintivamente, tanto, que la muerte de aquel hombre no contrastó en nada con su vida. El avaro se hacía trasladar por la mañana al lugar situado entre la chimenea de su cuarto y la puerta de su despacho, lleno sin duda de oro; permanecía allí inmóvil, pero mirando con ansiedad a los que iban a verle y a la puerta forrada de hierro; se daba cuenta de los menores ruidos de la casa y, con gran asombro del notario, percibía hasta el bostezo de su perro en el patio.

Grandet despertaba de su aparente estupor el día y a la hora en que había que recibir alquileres y dar recibos, y entonces se agitaba en su sofá hasta que le ponían enfrente de la puerta de su despacho. Una vez allí, mandaba a su hija abrir la puerta y procuraba que colocase en secreto por sí misma los sacos de plata unos sobre otros, recomendándole luego que cerrase bien la puerta.

Una vez que recibía de manos de Eugenia la preciosa llave de sus tesoros, que llevaba siempre en el bolsillo de su chaleco y que tentaba de vez en cuando, mandaba que le trasladasen a su sitio ordinario y permanecía allí silencioso. Por lo demás, su antiguo amigo el notario, comprendiendo que la rica heredera se casaría necesariamente con su sobrino el presidente, si Carlos Grandet no volvía, redobló sus cuidados y sus atenciones, yendo todos los días a ponerse a las órdenes de Grandet, visitando por orden de éste Froidfond, las tierras, los prados y las viñas, vendiéndole las cosechas y reduciéndolas a oro y a plata, que iba a reunirse secretamente a los sacos apilados en el despacho.

Por fin, llegaron los días de la agonía, durante los cuales la fuerte contextura del anciano luchó con la muerte. El avaro quiso permanecer sentado en el rincón del fuego, delante de la puerta de su despacho, arrollado en los cobertores, y diciéndole frecuentemente a Nanón:

-¡Cierra, cierra ahí, para que no nos roben! Cuando podía abrir los ojos, donde se había concentrado toda su vida, los volvía inmediatamente hacia la puerta del despacho donde estaba su tesoro, preguntándole a su hija con una especie de pánico:

-¿Están ahí? ¿están ahí?

-Si, padre mío.

-¡Vigilarlo!... ¡Ponme oro delante!

Eugenia le colocaba algunos luises sobre la mesa, y el avaro permanecía horas enteras con los ojos fijos en el oro, como el niño que, en el momento en que empieza a ver, contempla estúpidamente el mismo objeto, y como al niño, se le escapaba a veces alguna penosa sonrisa.

-¡Esto me reanima! solía decir Grandet dejando aparecer en su rostro una expresión de beatitud.

Cuando el cura de la parroquia fue a administrarle los últimos sacramentos, los ojos del avaro, muertos aparentemente hacía ya algunas horas, se reanimaron al ver la cruz, los candeleros y la pila de plata, que miró fijamente, y su lupia se dilató por última vez.

Cuando el sacerdote le aproximó a los labios el crucifijo de plata sobredorada para hacerle besar la imagen del Cristo, Grandet hizo un espantoso esfuerzo para cogerlo, y aquel último esfuerzo le costó la vida. El moribundo llamó a Eugenia, a quien no veía ya, a pesar de que estaba arrodillada a su lado y de que le bañaba con lágrimas sus manos frías, diciéndole:

-Padre mío, padre mío, écheme usted la bendición.

-¡Cuida bien de todo! ¡Allá arriba me darás cuenta de ello! añadió, probando con estas últimas palabras que el cristianismo debe ser la religión de los avaros.

Eugenia Grandet se encontró, pues, sola en el mundo y en aquella casa, sin tener más ser que Nanón que la entendiese, que la amase desinteresadamente y que la consolase. La gran Nanón era una providencia para Eugenia, a la cual no la consideró ya como criada, sino como una humilde amiga. Después de la muerte de su padre, Eugenia supo por el notario Cruchot que poseía trescientos mil francos de renta en bienes inmuebles situados en el distrito de Saumur; seis millones en papel del Estado, al tres por ciento, que habían sido adquiridos al sesenta y que estaban a la sazón a setenta y siete; más de dos millones en oro y cien mil francos en escudos, sin contar las rentas que tenía que recibir. En total, la estima de su fortuna ascendía a diez y siete millones.

-¿Dónde estará mi primo? se preguntó Eugenia.

El día en que el notario Cruchot entregó a su cliente el inventario de la herencia, Eugenia se quedó sola con Nanón, sentadas las dos a ambos lados de la chimenea de aquella sala vacía, donde todo eran recuerdos, desde la silla en que se sentaba su madre, hasta el vaso en que habla bebido su primo.

-Nanón, estamos solas.

-Sí, señorita; y si yo supiese dónde está su primo, iría a buscarle a pie.

-Desgraciadamente, hay un mar entre nosotros, dijo Eugenia.

Mientras que la pobre heredera lloraba de este modo en compañía de su anciana criada en aquella fría y obscura casa, que encerraba para ella todo el universo, de Nantes a Orleans no se hablaba más que de los diez y siete millones de la señorita Grandet. Uno de los primeros actos de ésta fue dar mil doscientos francos de renta vitalicia a Nanón, la cual, como poseía ya seiscientos francos más, se convirtió en un excelente partido.

En menos de un mes, la gran Nanón pasó del estado de doncella al de casada, bajo la protección de Antonio Cornoiller, el cual fue nombrado guarda general de las tierras de la señorita

Grandet. La señora Cornoiller tuvo ura inmensa ventaja sobre sus contemporáneas: aunque contaba ya cincuenta y nueve años, parecía que no tenia más que cuarenta. Sus ordinarias facciones habían resistido los ataques del tiempo, y, gracias al régimen de una vida monástica, disimulaba la vejez con sus hermosos colores y su salud de hierro. Sin duda no estuvo nunca tan hermosa como el día de su casamiento, durante el cual respiró su casa una dicha tal, que no faltó quien envidiase la suerte de Cornoiller.

-Tiene unos colores hermosos, decía un tendero.

-Es capaz de tener hijos aún, le contestó un tratante en sal. Esa moza se ha conservado como un cerdo en salmuera, con perdón sea dicho.

-¡Oh! es rica, y Cornoiller ya sabe lo que ha hecho, decía otro vecino.

Al salir de la antigua morada de los Grandet para ir a la iglesia, Nanón, a quien todo el vecindario apreciaba, recibió mil felicitaciones. Como regalo de boda, Eugenia le dio tres docenas de cubiertos. Cornoiller, sorprendido ante tamaña magnificencia, hablaba de su ama con lágrimas en los ojos y se hubiera dejado matar por ella. El hecho de pasar a ser la mujer de confianza de Eugenia constituyó para la señora Cornoiller una dicha igual a la de tener marido.

La pobre mujer tuvo al fin a su disposición una despensa como la que tenía su amo y la dirección de dos criadas, una cocinera y una camarera encargada de repasar la ropa de la casa y de hacer los vestidos de la señorita. Cornoiller acumuló las dobles funciones de guarda y administrador. No hay para qué decir que la camarera y la cocinera escogidas por Nanón eran verdaderas perlas. La señorita Grandet tuvo de este modo cuatro servidores cuya fidelidad no tenia límites. El avaro había establecido tan severamente los usos y costumbres de su administración, que fue continuada por el matrimonio Cornoiller, que los cortijeros apenas se apercibieron de su muerte.

A los treinta años, Eugenia no conocía aún ninguna de las felicidades de la vida. Su triste y monótona infancia había transcurrido al lado de una madre cuyo corazón, ignorado y herido en sus más elevados sentimientos, había sufrido siempre. Al dejar con alegría la existencia, aquella madre compadeció a su hija porque tenía que seguir viviendo, y le dejó en el alma ligeros remordimientos y eternos pesares. El primero, el único amor de Eugenia, era para ella causa de melancolía.

Después de haber entrevisto a su amante durante algunos días, la joven le había dado su corazón entre dos besos furtivamente aceptados y devueltos, y le había visto partir poniendo todo un mundo entre los dos. Aquel amor, maldito por su padre, casi había acarreado la muerte de su madre, y no le causaba más que dolores mezclados con esperanzas. En la vida moral, lo mismo que en la vida física, existe una aspiración y una respiración: el alma necesita absorber los sentimientos de otra alma y asimilárselos para restituirlos más ricos.

Sin ese hermoso fenómeno humano, el corazón carece de vida, y por falta de aire sufre y perece. Eugenia empezaba a sufrir. Para ella, la fortuna no era un poder ni un consuelo: aquella joven sólo podía existir para el amor, para la religión y para su fe en el porvenir. El amor le explicaba la eternidad. Su corazón y el Evangelio le señalaban dos mundos para el porvenir. La huérfana se sumía noche y día en el seno de dos pensamientos infinitos, que para ella eran sin duda uno solo, y se concentraba en si misma amando y creyéndose amada.

Hacía siete años que su pasión lo había invadido todo. Sus tesoros no eran los millones cuyas rentas se iban amontonando, sino el neceser de Carlos, los dos retratos suspendidos en la cabecera de su cama, las chucherías que le había comprado su padre y el dedal de su tía, del que se había servido su madre y que ella se ponía religiosamente todos los días para hacer un bordado, obra de Penélope, comenzado únicamente con el objeto de meter su dedo en aquel objeto de oro lleno de recuerdos.

No parecía verosímil que la señorita Grandet quisiese casarse mientras durase su luto. Su sincera piedad era conocida; así es que la familia Cruchot, cuya política era sabiamente dirigida por el cura, se contentó con cercar a la heredera prodigándola las más afectuosas atenciones. La casa de Eugenia se llenaba todas las noches de una sociedad compuesta de los más ardientes cruchotistas del país, que se esforzaban por cantar en todos los tonos las alabanzas de la dueña de la casa.

La huérfana tenía su médico ordinario de cabecera, su gran limosnero, su chambelán, su primera dama de compañía, su primer ministro, su canciller, y si hubiera deseado un caudatario, se lo hubieran proporcionado. Eugenia no sólo era una reina, sino que era la más adulada de todas las reinas. La adulación no emana nunca de las almas grandes, sino que es patrimonio de los espíritus pequeños, que logran empequeñecerse aun más para entrar mejor en la esfera vital de la persona en torno de la cual gravitan. La adulación presupone un interés; así es que las personas que llenaban todas las noches la sala de la señorita Grandet, llamada por ellos la señorita de Froidfond, lograban perfectamente agobiarla de alabanzas.

Este concierto de elogios, nuevos para Eugenia, le hicieron en un principio ruborizarse; pero, insensiblemente, y a pesar de lo burdos que eran los cumplidos, su oído se acostumbró de tal modo a oír alabar su belleza, que si alguno la hubiese encontrado fea, este reproche le hubiera parecido más sensible entonces que ocho años antes. De modo que Eugenia acabó al fin por gustar de aquellas adulaciones y se fue acostumbrando gradualmente a dejarse tratar como soberana y a ver su corte llena todas las noches.

El señor presidente Bonfons era el héroe de esta reunión, donde su talento, su persona, su instrucción y su amabilidad eran alabados sin cesar. El uno hacía observar que hacía siete años que había aumentado mucho su fortuna, que Bonfons daba por lo menos diez mil francos de renta, y se encontraba enclavado, como todos los bienes de los Cruchot, en los vastos dominios de la heredera.

-Señorita, decía un concurrente, ¿sabe usted que los Cruchot tienen cuarenta mil francos de renta?

-Y sus economías, añadía la vieja cruchotista señorita de Gribeaucourt. Últimamente ha venido un señor de París y ha ofrecido doscientos mil francos al señor Cruchot por su notaría. Si logra que le nombren juez de paz, me parece que llevará a cabo esa venta.

-¡Oh! quiere suceder al señor Bonfons en la presidencia de la audiencia y está tomando sus precauciones, respondió la señora de Dorsonval, pues el señor presidente llegará a ser consejero y presidente del supremo, toda vez que no le faltan medios para ello.

-Sí, es un hombre muy distinguido, ¿no le parece a usted, señorita?

El señor presidente Bonfons había procurado ponerse en armonía con el papel que quería desempeñar. A pesar de sus cuarenta años y de su cara morena, avinagrada y ajada como lo son casi todas las fisonomías judiciales, vestía como un joven, jugaba con un bastoncito, no tomaba tabaco en casa de la señorita de Froidfond, se presentaba siempre de punta en blanco y hablaba familiarmente a la heredera diciéndole: «Querida Eugenia». En fin, exceptuando el número de personas, reemplazando la lotería por el whist y suprimiendo las figuras de los señores Grandet, la escena con que comienza esta historia se repetía a la sazón todas las noches.

La jauría seguía persiguiendo a Eugenia y a sus millones, pero como era más numerosa, ladraba más y cercaba a su presa por completo. Si Carlos hubiese llegado de las Indias, hubiese visto allí los mismos personajes y los mismos intereses. La señora de Grassins, que se mostraba amabilísima con Eugenia, persistía en atormentar a los Cruchot. Pero entonces, como antaño, la figura de Eugenia dominaba aquel cuadro; como antaño, Carlos hubiese sido allí el soberano.

Sin embargo, se había operado en aquella reunión un progreso: el ramillete que el presidente regalaba a Eugenia el día de su santo y cumpleaños se había hecho periódico, y el magistrado llevaba todas las noches a la rica heredera un magnífico ramo que la señora Cornoiller colocaba ostensiblemente en un florero, y arrojaba secretamente a un rincón del patio tan pronto como los concurrentes se habían marchado.

Al principio de la primavera, la señora de Grassins intentó turbar la dicha de los cruchotistas hablando a Eugenia del marqués de Froidfond, cuya arruinada casa podía levantarse si la heredera quería devolverle sus propiedades mediante un contrato de matrimonio. La señora de Grassins recalcaba la dignidad de par y el título de marquesa, y, tomando la sonrisa de desprecio de Eugenia por aprobación, iba diciendo que el casamiento del presidente Cruchot no estaba tan adelantado como se creía.

-Aunque el señor Froidfond tenga cincuenta años, no parece más viejo que el señor presidente Bonfons, y si bien es verdad que es viudo y tiene hijos, no hay que olvidar que es marqués, que será par de Francia y que en los tiempos que corren es difícil encontrar un partido análogo, decía la señora de Grassins. Yo sé a ciencia cierta que el padre Grandet, al unir todos sus bienes a la tierra de Froidfond, lo hacía con la intención de aliarse con el marqués. Él mismo me lo había dicho muchas veces. ¡Qué pícaro era aquel hombre!

-¡Cómo! Nanón, dijo una noche Eugenia al acostarse, ¡y no me escribirá ni siquiera una vez en siete años!...

Mientras pasaban estas cosas en Saumur, Carlos hacía fortuna en las Indias. Al llegar vendió perfectamente su pacotilla y no tardó en reunir una suma de mil dollars. El bautismo de los trópicos le hizo perder muchas preocupaciones; vio que el mejor medio de hacer fortuna, lo mismo en las regiones tropicales que en Europa, era comprando hombres, y, en su consecuencia, se fue a las costas de África y se hizo negrero, uniendo a su comercio de hombres el de las mercancías que más daban en los diversos mercados que él frecuentaba.

Carlos empleó en los negocios una actividad que no le dejaba un momento libre y obraba en todo dominado por la idea de aparecer en París en posición más brillante que la que había tenido. A fuerza de tratar hombres, de ver países y de observar sus contrarias costumbres, sus ideas se modificaron, se volvió escéptico y perdió las ideas de lo justo y de lo injusto al ver que se tachaba de crimen en un país lo que era virtud en otro.

En contacto perpetuo con el interés, su corazón se enfrió, se contrajo y acabó por disecarse. La sangre de los Grandet no negó su destino, y Carlos se volvió duro e inhumano, y vendió chinos, negros, niños y artistas, y practicó la usura en grande escala. La costumbre de defraudar los derechos de aduanas lo volvió menos escrupuloso con los derechos del hombre, e iba a Santo Tomás a comprar a vil precio las mercancías robadas por los piratas y las llevaba a las plazas en que faltaban.

Si la noble y pura figura de Eugenia le acompañó en su primer viaje, como aquella imagen de la Virgen que colocan en sus buques los marinos españoles, y si atribuyó sus primeros éxitos a la mágica influencia de los votos y a las oraciones de aquella joven angelical, más tarde, las negras, las mulatas, las blancas, las almeas, sus orgías de todas clases y las aventuras que le ocurrieron en los diversos países que recorrió, borraron por completo el recuerdo de su prima, de Saumur, de la casa, del banco y del beso cambiado en el pasillo.

Carlos se acordaba únicamente del jardinito porque allí había empezado su vida aventurera; pero renegaba de su familia: su tío era un perro viejo que le había estafado sus alhajas, y Eugenia no ocupaba su corazón ni sus pensamientos más que como acreedora a quien debía seis mil francos. Esta conducta y estas ideas explican el silencio de Carlos Grandet. En las Indias, en Santo Tomás, en la costa de África, en Lisboa y en los Estados Unidos, el especulador había tomado el pseudónimo de Sepherd para no comprometer su nombre.

Carl Sepherd podía así, sin peligro, mostrarse infatigable, audaz y hábil como hombre que, resuelto a hacer fortuna quibuscumque viis, se dispone a acabar pronto la senda de la infamia para ser honrado el resto de sus días. Con este sistema, su fortuna fue rápida y brillante, y en 1827 llegaba a Burdeos en el bonito bergantín María Carolina, perteneciente a una casa de comercio realista, y traía un millón novecientos mil francos, en tres toneles de polvo de oro, de los cuales contaba sacar un siete u ocho por ciento reduciéndolos a moneda en Paris. En este bergantín venía también un noble de la cámara de Su Majestad el rey Carlos X, un tal señor de Aubrión, anciano que había cometido la locura de casarse con una mujer joven y gastadora, que tenía la fortuna en América.

Para reparar las prodigalidades de la señora de Aubrión, el noble había ido a vender sus propiedades. Los señores Aubrión, de la casa Aubrión de Buch, cuyo jefe último murió antes de 1789, estaban reducidos a una renta de veinte mil francos, y tenían una hija bastante fea que la madre quería casar sin dote, toda vez que su fortuna apenas les bastaba para vivir en París. A pesar de la habilidad que despliegan las mujeres elegantes, el éxito de esta empresa hubiese parecido muy problemático a todo el mundo, tanto, que la misma señora de Aubrión, al ver a su hija, desesperaba de poder casarla sin dote, ni aun con un hombre a quien embriagase la idea de ser noble.

La señorita de Aubrión era una joven alta, delgada y estrecha, de boca desdeñosa, hasta la cual bajaba una nariz demasiado larga, gorda por la punta, amarillenta en su estado normal, pero completamente roja después de las comidas, especie de fenómeno vegetal más desagradable en un rostro pálido e insípido, que en cualquier otro. En una palabra, que era tal como podía desearla una madre de treinta y ocho años que siendo aún guapa, tenía pretensiones.

Pero para compensar estas desventajas, la marquesa de Aubrión le había enseñado a su hija a afectar aire distinguido, la había sometido a una higiene que mantenía provisionalmente la nariz en un color pasable, la había enseñado el arte de componerse con gusto, la había dotado de bonitos modales, la había enseñado a dirigir esas miradas melancólicas que interesan a un hombre y que le hacen creer que va a encontrar el ángel tan vanamente rebuscado, la había enseñado a mostrar el pie para que admirasen su pequeñez en el momento en que la nariz tenía la impertinencia de enrojecer, y, finalmente, había sacado de ella todo el partido posible. Por medio de mangas anchas, de engañosos cuerpos, de trajes huecos y de exquisito gusto y de un magnífico corsé, había obtenido un ejemplar digno de ser expuesto en un museo para ejemplo de las madres que tienen hijas feas. Carlos hizo conocimiento con la señora de Aubrión, que no deseaba otra cosa, y no faltan personas que aseguren que, durante la travesía, la señora de Aubrión no perdonó medio para capturar a un yerno tan rico, Al desembarcar en Burdeos, en el mes de julio de 1827, la familia Aubrión y Carlos se alojaron en la misma fonda y partieron juntos a París. El palacio de Aubrión estaba plagado de hipotecas, y Carlos debía libertarlo. La madre hablaba ya de la satisfacción que tendría en ceder el piso bajo de su palacio a su yerno y a su hija, y como no participaba de las preocupaciones del señor de Aubrión acerca de la nobleza, había prometido a Carlos Grandet que obtendría una real orden del buen Carlos X autorizando a Grandet para llevar el nombre de Aubrión, usar sus armas y sucederle en el titulo de jefe de Buch y marqués de Aubrión, mediante la constitución de un mayorazgo de treinta y seis mil francos de renta.

Reuniendo sus fortunas, viviendo en buena armonía y mediante alguna sinecura, se podrían reunir cien y tantos mil francos de renta al palacio de Aubrión.

-Y cuando se tienen cien mil francos de renta, un nombre, una familia y se frecuenta la corte (pues yo haré que le nombren a usted gentilhombre de cámara), se llega a ser todo lo que se quiere, decía la madre a Carlos. Así es que será usted relator del consejo de Estado, prefecto, secretario de embajada, embajador, lo que usted elija. Carlos X quiere mucho a Aubrión, a quien conoce desde la infancia.

Embriagado de ambición por aquella mujer, Carlos había acariciado durante la travesía todas aquellas esperanzas que le presentaba como cosa cierta una mujer hábil, bajo la forma de secretas confidencias. Creyendo que su tío habría arreglado ya los asuntos de su padre, Carlos se veía ya acomodado en el arrabal Saint-Germain donde todo el mundo pretendía a la sazón entrar, y donde, a la sombra de la azulada nariz de la señorita Matilde, reaparecería como conde de Aubrión.

Deslumbrado por la prosperidad de la Restauración y por el brillo de las ideas aristocráticas, su embriaguez empezada en el navío se mantuvo en París, donde resolvió no perdonar medio para alcanzar la elevada posición que su egoísta suegra le hacia entrever. Su prima no fue para él más que un punto en el espacio de aquella brillante perspectiva. Carlos volvió a ver a Anita, y ésta, como mujer de mundo, aconsejó vivamente a su antiguo amigo que contrajese aquella alianza y le prometió ayudarle en todas sus empresas ambiciosas.

Anita estaba encantada ante la idea de que aquella señorita fea y fastidiosa llegase a ser mujer de Carlos, que se habla vuelto verdaderamente seductor durante su permanencia en las Indias, pues su tez se habla vuelto más morena y sus maneras eran decididas y desenvueltas como las del hombre acostumbrado a dominar y a salir airoso en todo. Carlos respiró más a su gusto en París al ver el hermoso papel que allí le tocaría representar.

De Grassins, al saber su vuelta, su casamiento próximo y su fortuna, fue a verle para hablarle de los trescientos mil francos mediante los cuales podía pagar las deudas de su padre. El banquero encontró a Carlos en conferencia con el joyero, que le enseñaba los dibujos de las alhajas que habían de formar parte de la canastilla de la señorita de Aubrión. A pesar de los magníficos diamantes que Carlos había traído de las Indias, la obra de mano y la plata del joven matrimonio ascendía a más de doscientos mil francos. Carlos recibió al señor de Grassins, a quien no conoció, con la impertinencia de un joven elegante que había matado a cuatro hombres en las Indias en diferentes duelos.

El señor de Grassins había ido ya tres veces. Carlos le escuchó fríamente, y después le respondió, antes de dejarle explicarse por completo:

-Los asuntos de mi padre no son los míos, y le agradezco a usted, caballero, el interés que se ha tomado, que me resulta completamente inútil. Ya comprenderá usted que yo no he ido a ganar dos millones con el sudor de mi rostro para llenarles los bolsillos a los acreedores de mi padre.

-¿Y si su señor padre fuese declarado en quiebra dentro de algunos días?

-Caballero, dentro de algunos días me llamaré el conde de Aubrión, y eso me será completamente indiferente. Por otra parte, usted sabe mejor que yo que cuando un hombre tiene cien mil francos de renta, su padre no ha hecho nunca quiebra, añadió señalando cortésmente la puerta al señor de Grassins.

A principios del mes de agosto de este mismo año, Eugenia estaba sentada en el banco de madera en que su primo le había jurado un amor eterno y al que iba a almorzar cuando hacía buen tiempo. La mañana estaba fresca y alegre, y la pobre joven se complacía en aquel momento en repasar en su memoria los grandes y pequeños acontecimientos de su amor y las catástrofes de que había sido seguido.

El sol iluminaba el bonito lienzo del muro todo agrietado y casi en ruinas, que la caprichosa heredera había prohibido tocar, a pesar de que Cornoiller hubiese dicho varias veces a su mujer que corrían peligro de morir algún día aplastadas. En este momento, el cartero llamó a la puerta y entregó una carta a la señora Cornoiller, la cual se fue al jardín gritando:

-¡Señorita, una carta!

Y al mismo tiempo se la entregó, diciéndole:

-¿Es la que usted espera?

Estas palabras resonaron tan fuertemente en el corazón de Eugenia, como entre las paredes del patio y del jardín.

-¡París!... Es de él, ya está de vuelta.

Eugenia palideció y conservó por un momento intacta la carta, pues palpitaba demasiado su corazón para poder abrirla y leerla. La gran Nanón permaneció de pie con los brazos en jarras y con su moreno rostro radiante de alegría.

-Lea usted, señorita...

-¡Ah! Nanón, ¿por qué vuelve por París habiéndose ido por Saumur?

-Lea usted y lo sabrá.

Eugenia abrió la carta temblando y, al abrirla, cayó al suelo una letra contra la casa Señora de Grassins y Corret, de Saumur. Nanón la recogió.

«Mi querida prima...»

-¡Ya no me llama Eugenia! pensó la joven. Y su corazón se oprimió.

«Creo que tendrá usted...»

-¡Antes me decía tú!

Y cruzándose de brazos, permaneció un instante sin atreverse a proseguir la lectura, y gruesas lágrimas brotaron de sus ojos.

-¿Ha muerto? preguntó Nanón.

-Si hubiera muerto no me escribiría, respondió Eugenia, la cual prosiguió al fin la lectura de la carta, que decía lo siguiente:

«Mi querida prima: Creo que tendrá usted una satisfacción en saber el éxito de mi viaje. Usted me ha dado suerte, he vuelto rico y he seguido los consejos de mi tío, cuya muerte, así como la de mi tía, acaba de comunicarme el señor de Grassins. La muerte de nuestros padres es natural, y nosotros debemos sucederles. Supongo que hoy ya estará usted consolada. Nada resiste a la acción del tiempo, yo lo experimento.
Sí, querida prima, desgraciadamente, el momento de las ilusiones ha pasado ya para mí. ¡Qué quiere usted! Recorriendo multitud de países, he reflexionado acerca de la vida, y me fui niño, y vuelvo hombre. Hoy pienso en muchas cosas que no me preocupaban antaño. Usted es libre, prima mía, y yo soy libre aún, y al parecer, nada se opone a la realización de nuestros proyectos: pero yo soy demasiado leal para ocultarle a usted la situación de mis asuntos. No he olvidado que no me pertenezco, y, durante mis largas travesías, me he acordado muchas veces del banquito de madera...»

Eugenia se levantó como si estuviese sobre ascuas y fue a sentarse en uno de los peldaños de la escalera del patio.

«... del banquito de madera en que nos juramos amarnos siempre, del pasillo, de la sala, de mi cuarto y de la noche en que facilitó usted mi suerte mediante un generoso préstamo. Sí, estos recuerdos me han animado, y me he dicho muchas veces que usted pensaba siempre en mí, como yo pensaba en usted a la hora convenida entre nosotros. ¿Ha mirado usted bien las nubes las nueve? Sí, ¿verdad? Pues bien, no quiero ser traidor a una amistad sagrada para mi; no, no quiero engañarla a usted. En este momento se trata para mí de una alianza que satisface completamente las ideas que he formado acerca del matrimonio. El amor en el matrimonio es una quimera.

Hoy mi experiencia me dice que al casarse hay que obedecer a todas las leyes sociales y reunir todas las conveniencias que para ello exige el mundo. Ahora bien, entre nosotros existe ya una diferencia de edad que, sin duda, influiría más en su porvenir, prima querida, que en el mío. No le hablaré a usted de sus costumbres ni de su educación, que no están en armonía con la vida de París, y que sin duda no se amoldarían a mis proyectos ulteriores. Pienso tener una gran casa, recibir a mucha gente, y creo acordarme de que usted prefiere una vida apacible y sosegada.

Pero, no, le seré a usted más franco, y sea usted juez de mi situación, que tiene usted derecho a conocer y a juzgar. Hoy poseo ochenta mil francos de renta. Esta fortuna me permite unirme a la familia de Aubrión, cuya heredera, joven de diez y nueve años, me aporta al matrimonio su nombre, un título, el cargo de gentilhombre honorario de la cámara de Su Majestad y una de las más brillantes posiciones. He de confesarle a usted, querida prima, que no amo absolutamente nada a la señorita de Aubrión; pero, casándome con ella, aseguro a mis hijos una posición social cuyas ventajas serán incalculables algún día, toda vez que van ganando terreno de día en día las ideas monárquicas.

De modo que dentro de algunos años, mi hijo, que será marqués de Aubrión y que contará con un mayorazgo de cuarenta mil francos de renta, podrá escoger el cargo del Estado que más le agrade. Los hombres nos debemos a los hijos. Ya ve usted, prima mía, con qué buena fe le expongo el estado de mi corazón, de mis esperanzas y de mi fortuna. Es muy posible que, después de siete años de ausencia, haya usted olvidado por su parte nuestras niñerías; pero yo no he olvidado ni su indulgencia ni mis palabras, y me acuerdo de todas, hasta de las que he dado con más ligereza y en las cuales no pensaría siquiera un hombre menos concienzudo que yo y de corazón menos leal. Decirle a usted que sólo pienso hacer un matrimonio de conveniencia y que me acuerdo aún de nuestros amores de niños, ¿no equivale a ponerme a su disposición, a hacerla dueña de mi suerte y a decirle que si tengo que renunciar a mis ambiciones sociales, me contentaré gustoso con esa dicha pura y sencilla cuyas conmovedoras imágenes me ha hecho usted ver tantas veces?... »

-Tan, ta, ta. -Tan, ta, ti.-Tun. -Tun, ta, ti,—Tinn, ta, ta, ta, etc... había cantado Carlos Grandet con el aire de Non piu andrai, al firmar:

«Su afectuoso primo,

«CARLOS.»

-¡Por vida de... ! me parece que me muestro cortés, se dijo.

Después buscó la letra, y añadió lo siguiente:

«P. D.-Le remito adjunta una letra a su orden contra la casa de Grassins, pagadera en oro, y que comprende los intereses y capital de la suma que tuvo usted la bondad de prestarme. Espero de Burdeos una caja que contiene algunos objetos que aguardo me permitirá usted ofrecerle como testimonio de mi eterno agradecimiento. Mi neceser puede usted mandarlo por la diligencia al palacio Aubrión, calle de HillerinBertin.»

-¡Por la diligencia! dijo Eugenia. ¡Una cosa por la cual hubiese dado yo mil veces la vida!

Espantoso y completo desastre. El buque se hundía sin dejar ni una cuerda ni una tabla en el vasto océano de las esperanzas. Ciertas mujeres, al verse abandonadas, van a arrancar a su amante de los brazos de su rival, la matan y huyen al fin del mundo, al patíbulo o a la tumba. ¡Indudablemente esto es hermoso! El móvil de este crimen es una sublime pasión que impone a la justicia humana.
Otras mujeres, bajan la cabeza y sufren en silencio, y llegan hasta el último momento de su vida tristes y resignadas, llorando y perdonando, rogando y acordándose. Esto es amor, amor verdadero, amor de ángel, amor digno que vive de su dolor y

que no muere, y este fue el, amor de Eugenia después de haber leído aquella horrible carta. La joven fijó sus ojos en el cielo pensando en las últimas palabras de su madre, que, semejante a muchas moribundas, había dirigido una penetrante y lúcida mirada al porvenir, y después, Eugenia, recordando aquella muerte y aquella vida proféticas, abarcó con una mirada todo su porvenir. A la huérfana no le quedaba ya más que desplegar las alas, cifrar sus esperanzas en el cielo y vivir orando hasta el día de su libertad.

-¡Tenía razón mi madre! ¡Sufrir y morir!

Eugenia marchó con lentitud del jardín a la sala. Contra su costumbre, no pasó por el pasillo, pero encontró recuerdos de su primo en la vieja sala, sobre cuya chimenea estaba siempre un cierto platillo que utilizaba ella todas las mañanas al almorzar, así como un viejo azucarero. Aquella mañana tenía que ser solemne y memorable para ella. Nanón anunció al cura de la parroquia. Este cura, pariente de los Cruchot, se interesaba por el presidente Bonfons, y hacía ya algunos días que habla determinado hablar a la señorita Grandet, en sentido puramente religioso, de la obligación en que se encontraba de contraer matrimonio.

Al ver a su pastor, Eugenia creyó que venía a buscar los mil francos que le daba mensualmente para los pobres, y dio orden a Nanón de que fuese a buscarlos; pero el cura empezó a sonreírse, y le dijo:

-Hoy, señorita, vengo a hablarle de una pobre muchacha que interesa vivamente a todo Saumur, y que, por no tener caridad de sí misma, no vive cristianamente.

-Dios mío, señor cura, me encuentra usted en un momento en que me es imposible ocuparme del prójimo y en que pienso únicamente en mí. Soy muy desgraciada, y no me queda más refugio que la Iglesia, la cual tiene un seno bastante vasto para contener todos nuestros dolores, y sentimientos bastante profundos para que podamos acudir a ellos sin temor a agotarlos.

-Pues bien, señorita, ocupándonos de esa muchacha, nos ocuparemos de usted. Escuche, si quiere usted salvarse, tiene usted que seguir una de estas dos sendas: o dejar el mundo, o seguir sus leyes; obedecerá su destino terrestre, o a su destino celestial.

-Su voz me habla en un momento en que deseaba oír una voz. Sí, señor, Dios le manda a usted aquí sin duda; voy a decir adiós al mundo y voy a vivir para Dios únicamente, en el retiro y la soledad.

-Hija mía, antes de tomar tan violenta decisión, hay que reflexionar maduramente. El matrimonio es una vida nueva, y el velo es una muerte.

-Pues bien, ¡la muerte, la muerte en seguida, señor cura! dijo Eugenia con espantosa vivacidad.

-¡La muerte! Señorita, no olvide usted que tiene que llenar grandes deberes para con la sociedad. ¿No es usted la madre de los pobres a quienes da ropa y leña en invierno y trabajo en verano? Su inmensa fortuna es un préstamo que hay que devolver, y usted la aceptó santamente de este modo. Sepultarse en un convento sería egoísmo, y permanecer soltera no debe usted hacerlo.

En primer lugar, porque sola no podría usted administrar su inmensa fortuna, y acabaría por perderla; y en segundo lugar, porque tendría usted mil pleitos y se vería sumida en invencibles dificultades. Crea usted a su pastor: necesita usted un esposo para conservar lo que Dios le ha dado. Le hablo a usted como a mi más querida feligresa. Usted ama demasiado sinceramente a Dios para no lograr su salvación en medio del mundo, siendo como es uno de sus más preciosos adornos y dándole, como le da, tan santos ejemplos.

En aquel momento, la señora de Grassins se hizo anunciar; iba allí llevada por la venganza y por una gran desesperación.

-Señorita... dijo. ¡Ah! está aquí el señor cura... Me callo. Venía a hablarle a usted de ciertos negocios y veo que está usted en gran conferencia.

-Señora, dijo el cura, le dejo a usted el campo libre.

-¡Oh! señor cura, dijo Eugenia, vuelva usted en seguida, pues su apoyo me es en este momento muy necesario.

-Sí, pobre hija mía, sí, dijo la señora de Grassins.

-¿Por qué dice usted eso? preguntaron la señorita Grandet y el cura.

-Pues qué, ¿acaso no sé yo la vuelta de su primo y su casamiento con la señorita de Aubrión?... No en vano tiene alma una mujer.

Eugenia se puso roja como un tomate y guardó silencio. Pero se propuso afectar en lo sucesivo la impasible actitud de su padre.

-Pues yo debo tenerla en vano, señora, porque no comprendo nada, respondió Eugenia con ironía. Hable usted delante del cura, pues ya sabe usted que es mi director.

-Pues bien, señorita, he aquí lo que me escribe de Grassins, lea usted.

Eugenia leyó la siguiente carta:

«Mi querida esposa: Carlos Grandet ha llegado de las Indias y está en Paris hace un mes... »

-¡Un mes! se dijo Eugenia dejando caer el brazo. Despúes de una pausa, reanudó la lectura.

«... He tenido que hacer antesala dos veces para poder hablar a este futuro vizconde de Aubrión. Aunque todo París habla de su matrimonio y aunque estén publicadas todas las proclamas...»

-¡Cómo! ¿me había escrito en el momento en que...? se dijo Eugenia. Y no acabó la frase, no se dijo como una parisiense: «¡Pillastre!» pero su desprecio no por eso fue menos completo.

«... este matrimonio está muy lejos de llevarse a cabo; el marqués de Aubrión no dará su hija al hijo de un quebrado. He ido a darle cuenta de los trabajos que su tío y yo llevábamos hechos en el asunto de su padre y de las hábiles maniobras con que hemos sabido mantener tranquilos hasta hoy a los acreedores. ¿Querrás creer que ese impertinente ha tenido la desvergüenza de responderme a mí, que hace cinco años que me sacrifico noche y día por sus intereses y por su honor, que los intereses de su padre no eran los suyos?
Un abogado estaría en el derecho de pedirle treinta o cuarenta mil francos de honorarios del uno por ciento de la suma de los acreedores. Pero, paciencia, y ya que su padre debe un millón doscientos mil francos, voy a hacer que declaren la quiebra. Me he comprometido en este asunto contando con la palabra de aquel viejo caimán de Grandet, y he hecho promesas en nombre de la familia. Si el señor vizconde de Aubrión se preocupa poco por su honor, a mí me interesa mucho el mío; así es que voy a explicar mi situación a los acreedores. Sin embargo, me inspira demasiado respeto la señorita Eugenia, a cuya mano aspirábamos en tiempos más felices, para obrar sin que tú le hayas hablado de este asunto...»

Al llegar aquí, Eugenia devolvió fríamente la carta sin acabarla a la señora de Grassins, y le dijo:

-Le doy a usted las gracias.

-En este momento tiene usted toda la voz de su difunto padre, dijo la señora de Grassins.

-Señora, tiene usted que darnos ocho mil cien francos en oro.

-¡Ah! es verdad, hágame usted el favor de venir conmigo, señora Cornoiller.

-Señor cura, ¿sería pecado permanecer en estado de virginidad en el matrimonio? le preguntó Eugenia con admirable sangre fría.

-Ese es un caso de conciencia cuya solución desconozco. Si quiere usted saber lo que opina el célebre Sánchez en su Suma de Matrimonio, podré decírselo a usted mañana.

El cura partió, y la señorita Grandet subió al despacho de su padre y pasó allí el día sola, sin querer bajar a la hora de comer, a pesar de las instancias de Nanón.

La huérfana compareció por la noche a la hora en que llegaron los concurrentes a su salón, el cual no estuvo nunca tan lleno como aquel día. La noticia de la vuelta y de la estúpida infidelidad de Carlos había corrido por toda la villa; pero, por grande que fuese la curiosidad de los concurrentes, Eugenia no quiso satisfacerla y tuvo fuerza bastante para disimular las crueles emociones que la agitaban. La mujer abandonada supo afectar un rostro risueño para responder a los que le demostraron interés con miradas o con palabras melancólicas, y supo, en fin, ocultar su desgracia con la capa de la cortesía.

A eso de las nueve, las partidas se acababan y los jugadores dejaban las mesas, se pagaban y discutían las últimas jugadas del whist reuniéndose en círculo. En el momento en que la reunión se levantó en masa para dejar el salón, ocurrió una escena teatral que resonó en Saumur y en las cuatro prefecturas de los alrededores.

-Quédese usted, señor presidente,. dijo Eugenia al señor de Bonfons al ver que éste tomaba su bastón.

Al oír estas palabras, no hubo nadie en aquella numerosa asamblea que no se sintiese emocionado. El presidente palideció y se vio obligado a sentarse.

-Los millones son para el presidente, dijo la señorita de Gribeaucourt.

-Es claro, el presidente Bonfons se casa con la señorita Grandet, añadió la señora de Orsonval.

-Esa es la mejor jugada de la noche, dijo el cura.

Cada uno dijo su frase e hizo su calambur, y todos veían a la heredera montada sobre sus millones como sobre un pedestal. El drama comenzado hacía diez y nueve años iba a tener un desenlace. Decir al presidente, delante de todo Saumur, que se quedase, ¿no era anunciar que quería hacerle su marido? En los pueblecitos, las conveniencias se observan tan severamente, que una infracción de este género constituye la más solemne de las promesas.

-Señor presidente, le dijo Eugenia con voz emocionada cuando estuvieron solos, ya sé lo que le gusta de mí. Júreme usted dejarme libre durante toda mi vida y no hacer uso de ninguno de los derechos que el matrimonio le da sobre mí, y mi mano será suya. ¡Ah! aun no he acabado, repuso al ver que el presidente se arrodillaba. No quiero engañarle a usted, caballero. Mi corazón está ocupado por un sentimiento inextinguible. La amistad será el único sentimiento que yo podré conceder a mí marido, y no quiero ofenderle ni contravenir las leyes de mi corazón. Pero usted no poseerá mi mano y mi fortuna a no ser a costa de un inmenso favor.

-Aquí me tiene usted dispuesto a todo, dijo el señor de Bonfons.

-Pues bien, señor presidente, aquí tiene un millón quinientos mil francos, dijo Eugenia sacándose del seno cien acciones del Banco de Francia. Vaya a París, no mañana, sino esta misma noche, al instante, y una vez allí, vea al señor de Grassins, averigüe el nombre de todos los acreedores de mi tío, reúnalos, pague todo lo que se les deba, incluso los intereses al cinco por ciento desde el día de la deuda hasta el del reembolso, y, finalmente, levante usted un acta en forma de la liquidación ante un notario. Usted es magistrado y sólo en usted confío para este asunto. Usted es un hombre leal y galante y confiaré en su palabra para atravesar los peligros de la vida al amparo de su nombre. Uno y otro nos mostraremos mutuamente indulgentes. Nos conocemos hace ya mucho tiempo, somos casi parientes, y usted no querrá, seguramente, hacerme desgraciada...

El presidente cayó a los pies de la rica heredera palpitante de alegría y de angustia, y le dijo:

-Seré su esclavo.

-Cuando tenga usted el acta de la liquidación, caballero, repuso Eugenia dirigiéndole una fría mirada, se la llevará usted a mi primo Grandet con todos los títulos y le entregará esta carta. A la vuelta, le cumpliré a usted mi palabra.

El presidente comprendió que debía la señorita Grandet a un despecho amoroso: así es que se apresuró a ejecutar sus órdenes con la mayor prontitud a fin de que no tuviese lugar una reconciliación entre los dos amantes.

Cuando el señor de Bonfons se hubo marchado, Eugenia cayó sobre un sofá y rompió en amargo llanto. La obra estaba consumada. El presidente tomó inmediatamente la diligencia, y el día siguiente por la noche estaba en París. La mañana del día que siguió, a su llegada, se fue a casa de Grassins y convocó a los acreedores en el despacho del notario en que estaban depositados los títulos, a la cual convocatoria no dejó de presentarse ninguno. Aunque eran acreedores, hay que hacerles justicia, fueron exactos.

El presidente Bonfons, en nombre de la señorita Grandet, les pagó el capital y los intereses que se les debían. El pago de los intereses fue, para el comercio parisiense, uno de los acontecimientos más asombrosos de la época. Cuando el acta de finiquito estuvo registrada y de Grassins hubo cobrado por sus gestiones la suma de cincuenta mil francos que le había señalado Eugenia, el presidente se fue al palacio de Aubrión, y encontró allí a Carlos en el momento en que éste entraba en su habitación anonadado por las palabras de su futuro suegro. El anciano marqués acababa de declararle que su hija no sería nunca suya mientras no pagase a todos los acreedores de Guillermo Grandet.

El presidente le entregó primero la siguiente carta:

«Primo mío: El señor presidente de Bonfons lleva el encargo de entregarle el acta de finiquito de todas las sumas que debía mi tío, las cuales reconozco yo haber recibido de usted. Me han hablado de quiebra y he pensado que el hijo de un quebrado no podría casarse acaso con la señorita de Aubrión.

Sí, primo mío, ha juzgado usted bien mi modo de ser y mis modales: yo no tengo mundo, ni conozco sus cálculos y sus costumbres, y no podría, por lo tanto, proporcionarle los placeres que encontrará usted en él. Sea usted, pues, feliz, sujetándose a las conveniencias sociales, por las cuales sacrifica usted nuestros primeros amores. Para hacer su dicha completa, yo no puedo ofrecerle más que el honor de su padre. Adiós. Tendrá usted siempre una fiel amiga en su prima

«EUGENIA.»

El presidente no pudo menos de sonreír al oír la exclamación que lanzó aquel ambicioso en el momento de recibir el acta de pago.

-Nos anunciamos recíprocamente nuestros casamientos, le dijo el señor de Bonfons.

-¡Ah! ¿Se casa usted con Eugenia? Está bien, me alegro, es una buena muchacha; pero, repuso de pronto haciéndose una reflexión, ¿entonces es muy rica?

-Hace cuatro días tenía diez y nueve millones, pero hoy no tiene más que diez y siete, respondió el presidente con aire chocarrero.

Carlos miró al presidente con aire alelado.

¡Diez y siete mi... !

-Sí, señor, diez y siete millones. Al casarnos, la señorita Grandet y yo reuniremos setecientos cincuenta mil francos de renta.

-¡Primo querido! dijo Carlos procurando reponerse; podremos ayudarnos mutuamente.

-Conformes, dijo el presidente. Aquí tiene usted, además, una cajita que tengo orden de no entregar a nadie más que a usted, añadió colocando sobre una mesa el neceser.

-Amigo mío, dijo la marquesa de Aubrión entrando sin fijarse en Cruchot, no haga usted caso de lo que acaba de decir ese pobre señor de Aubrión, a quien la duquesa de Chaulieu ha devanado los sesos. Yo se lo repito, nada impedirá su matrimonio, respondo de ello.

-Está bien, señora, respondió Carlos, los tres millones que debía mi padre fueron pagados ayer.

-¿En dinero? dijo la marquesa.

-Íntegramente, intereses y capital, y voy a hacer rehabilitar su memoria.

-¡Qué tontería! exclamó la futura suegra. ¿Quién es este señor? preguntó en voz baja a su futuro yerno al ver a Cruchot.

-Es mi administrador, le respondió Carlos en voz baja.

La marquesa saludó desdeñosamente al señor de Bonfons.

-Ya empezamos a ayudarnos, dijo el presidente tomando el sombrero. Adiós, primo.

-Ese cacatúa de Saumur parece que se burla de mí. Me dan ganas de meterle seis pulgadas de hierro en el estómago.

El presidente se había marchado.

Tres días después, el señor de Bonfons, de vuelta en Saumur, publicó su casamiento con Eugenia. Seis meses más tarde, fue nombrado consejero de la audiencia real de Angers. Antes de dejar Saumur, Eugenia mandó fundir el oro de las joyas que tan cuidadosamente había guardado, así como los ocho mil francos de su primo, y mandó construir una custodia de oro, que regaló a la parroquia en que tanto había rogado a Dios por él.

Por lo demás, la señora de Bonfons hacía frecuentes excursiones a Saumur. Su marido, que prestó grandes servicios en una circunstancia política, logró ser presidente de cámara y primer presidente al cabo de algunos años. El magistrado esperó impacientemente las elecciones a fin de obtener una diputación, pues codiciaba la dignidad de par, y entonces...

-Entonces, ¿será primo del rey? decía Nanón, la gran Nanón, la señora Cornoiller, burguesa de Saumur, a quien su ama anunciaba las grandezas a que estaba llamada.

Sin embargo, el señor presidente de Bonfons, que había logrado abolir al fin su nombre patronímico de Cruchot, no llegó a realizar ninguna de sus ideas ambiciosas y murió ocho días después de haber sido nombrado diputado por Saumur. Dios, que lo ve todo y no hiere nunca en falso, le castigaba sin duda por sus cálculos ambiciosos y la habilidad jurídica con que había minutado, en unión del notario Cruchot, el contrato matrimonial, en el que los dos futuros esposos se daban mutuamente, en el caso de que no tuviesen hijos, la universalidad de sus bienes muebles e inmuebles, sin exceptuar ni reservar nada, dispensándose de la formalidad del inventario, sin que la omisión del referido inventario pudiera ser alegada por sus herederos o causahabientes, entendiéndose que, la dicha donación, etc.

Esta cláusula bastará para explicar el profundo respeto que el presidente tuvo siempre por la voluntad y la soledad de la señora Bonfons. Las mujeres citaban al señor presidente como uno de los hombres más delicados, le compadecían y llegaron a criticar la pasión de Eugenia, como saben criticar esas cosas las mujeres.

-Muy mala debe estar la señora de Bonfons, para dejar solo a su marido. ¡Pobrecita! ¿Se curará pronto? Pero ¿qué tiene? ¿un cáncer o una gastritis? ¿Por qué no va a ver a los médicos? Hace algún tiempo que se vuelve muy amarilla. Debía ir a consultar las celebridades de París. ¿Cómo no deseará tener un hijo? Según dicen, quiere mucho al presidente, y no se explica cómo no procura darle un heredero, dada su posición. ¿Sabe usted que es espantoso eso? Y si fuese efecto de un capricho, su conducta sería vituperable... ¡Pobre presidente!

Dotada de esa fina perspicacia que el solitario adquiere con sus perpetuas meditaciones, y acostumbrada por su desgracia y su meditación a adivinarlo todo, Eugenia sabía que el presidente deseaba su muerte para entrar en posesión de aquella inmensa fortuna, aumentada aún con las herencias de sus tíos el notario y el cura, a los que Dios tuvo el capricho de llamar a sí.

A la pobre reclusa le daba lástima el presidente. La providencia la vengó de los cálculos interesados y de la infame indiferencia de un esposo que respetaba, como la mayor de las garantías, la pasión sin esperanza de que se alimentaba Eugenia. Dar la vida a un hijo, ¿no era matar las esperanzas del egoísmo y los goces de la ambición acariciados por el presidente?

Dios cubrió, pues, con masas de oro a su prisionera, que se mostraba indiferente al oro, que sólo aspiraba al cielo, que hacía vida piadosa y recogida y que socorría secreta e incesantemente a los desgraciados. La señora de Bonfons quedó viuda a los treinta y tres años, hermosa aún, como lo están las mujeres a esa edad, y con una renta de ochocientos mil francos. Su blanco rostro denota su calma y su resignación; su voz es dulce y armoniosa, y sus maneras son sencillas.

La viuda posee todas las noblezas del dolor y la santidad de una persona que no ha manchado su alma con el contacto del mundo; pero posee también la rigidez de la solterona y los hábitos mezquinos que hace adquirir la miserable vida de provincias. A pesar de sus ochocientos mil francos de renta, vive como había vivido la pobre Eugenia Grandet, no enciende la chimenea de su cuarto más que los días que su padre permitía antaño encender el hogar de la sala, y lo apaga en la época en que se apagó siempre durante su juventud. Viste siempre como vestía su madre, y la casa de Saumur, casa sin sol, sin calor, sombría y melancólica, es la imagen de su vida.

Acumula cuidadosamente sus rentas, y acaso parecería mezquina si no desmintiese la maledicencia empleando noblemente su fortuna. Piadosas y caritativas fundaciones, un hospicio para los ancianos y escuelas religiosas para los niños, y una biblioteca pública, convenientemente dotada, desmienten cada año la avaricia que le reprochan ciertas personas. Las iglesias de Saumur le deben algunas mejoras. La señora viuda de Bonfons, llamada por burla la señorita inspira generalmente un religioso respeto. Aquel noble corazón, que no latía más que por los sentimientos mis tiernos y más puros, tenía, pues, que someterse a los cálculos del interés humano. El dinero tenia que comunicar su frialdad a aquella vida celestial y hacer sentir desconfianza por los sentimientos a una mujer que era todo sentimiento.

-Tú eres la única que me amas, decía Eugenia a Nanón.

La mano de aquella mujer cura las llagas secretas de todas las familias. Eugenia se encamina al cielo acompañada de un cortejo de beneficios. La grandeza de su alma disimula las pequeñeces de su educación y los hábitos de su primera vida.

Tal es la historia de esta mujer que vive aislada en medio del mundo, y que, constituida para ser excelente esposa y madre, no tiene marido, hijos, ni familia. Hace algunos días que se habla de su nuevo casamiento. La gente de Saumur se ocupa de ella y del señor marqués de Froidfond, cuya familia empieza a cercarla como la cercaron antes los Cruchot. Según se dice, Nanón y Cornoiller se interesan por el marqués; pero nada es más falso. Ni la gran Nanón ni Cornoiller tienen bastantes alcances para comprender las corrupciones del mundo.

--*-*-* FIN *-*-*-*-*

París, septiembre de 1833.

.

Made in the USA
Las Vegas, NV
22 December 2021